特別支援教育サポートBOOKS

通級指導教室・特別支援学級で使える

河村式 ひらがなプリント

河村 優詞 著

明治図書

はじめに

文字の習得は児童たちのその後のあらゆる学習に影響します。絵本に教科書、説明書、作文、日記、行事の司会の台本など、文字が分からなければその後の学校における様々な活動に大きな制約が伴います。言い換えれば文字の未習得はその子の活躍の機会を減らしてしまう可能性があるということです。さらに、文字の習得は将来における生活にも影響が大きい学習です。そのため、ひらがなをきちんと指導し、身に付けさせることはとても大切です。

本書では科学的な研究に基づく知見と、現場の教師の有していたノウハウを融合させて開発した指導プログラムと教材を紹介します。このプログラムは、児童たちから得られたデータをもとにして分量やレイアウトが考えられており、様々な特性の児童たちが効率よくひらがなを身に付けられるような設計になっています。無論、全ての児童を網羅できるものではありませんので、必要に応じて個々への対応の工夫は必要になりますが、指導の個別化を図る前に全員に行うベーシックな指導として活用できるでしょう。

本書は初任者からベテランまで、簡単に指導ができるようデザインされています。しかしそれだけではなく、本書のプログラムに即して指導を行うことで、教師も知らず知らずのうちに専門的な指導法を身に付けてスキルアップを図ることができるように構成されています。多くの教師が知らないテクニックの数々、例えば「シェーピング」「刺激性制御」「条件性弁別」「刺激等価性」「プレマックの原理」「刺激ペアリング手続き」「恣意的遅延見本合わせ」等、専門家が用いる高度な指導技法を習得することができれば、その後の他教科の指導のレベルアップにもつながるはずです。

読み書きが苦手な児童たちのひらがな学習の支援教材として、本書をご活用いただけることを願っています。

２０２５年１月

河村優詞

目次

1 本書のプログラムの特徴

本書の指導プログラムは知的障害、自閉症スペクトラム障害、学習障害等を伴う児童の学習と文字の記憶に関する科学的なデータをもとにしています。近年、様々なバックグラウンドのある教材が多数出版されていますが、本プログラムは応用行動分析学（ABA: Applied Behavior Analysis）に基づき、科学的な有効性が確認された指導法を複数含んでいます。

特徴① 余計な刺激が少ない

本プログラムは児童が集中しやすいよう、余計な刺激を排したシンプルなプリントとダウンロード教材の文字カードを中心に構成されています。

余白を広くとっているため、誤字が生じた際に消させずに余白に書かせる、教師が手本を余白に書くなど、柔軟な運用がしやすいように構成されています。

特徴② 自力学習と個別化の併用がしやすい

本書のプリントは「絵と字を線で結ぶ」「なぞる・書く」等、シンプルな課題のみで構成されており、視線の流れも右から左、上から下へと概ね一定になるよう構成されているため、ある程度慣れると児童が自力で書き進められるようになってきます。

児童の記憶の状況によって、カード等を用いた個別指導が必要になることがありますが、他の児童が自力でプリントを行っている際に、順番に個別指導を行うこともできるでしょう。

特徴③ 記憶状況を把握しやすい

読みの復習や書きのテストを毎日行うため、児童の今できること、できないことを把握しやすく、それに応じた追加的な学習が行いやすい仕組みになっています。その児童がどの文字を何日間覚えていられたか、という記録があれば、復習の計画を立てやすくなるはずです。記録用紙の様式を巻末（163~166頁）に含めましたので、読み書きできる字とできない字を細かに確認し、復習の計画に役立ててください。

2　指導の原則

即時の称賛的フィードバック

児童に読みを言わせる、書かせる等の個々の学習方法の詳細は後述しますが、あらゆる指導において重要な点が、児童に肯定的なフィードバックを即時返すことです。読み書きに成功したら、すぐさま「ナイス！」「いいね！」等と大げさに称賛しましょう。また、いつもは書字が乱雑な子が、少しでも普段よりきれいな字を書いていたら「このマスの字、いつもよりきれいだね！」「はみ出さずに書けている！」というように、その子の中の平均点以上の成果であればどんどん称賛していきましょう。どのような褒め言葉が効くかは個人差が大きいので、その子が嬉しい褒め方を探してみてください。多くの場合、「即時」「具体的に」「視覚刺激を伴って」褒めると、行動に影響しやすくなります。

①即時
児童の読みの発声や筆記から数秒以内に称賛します。時間を経てから帰りの会等で褒めると、効果が薄くなることが多いです。

②具体的に
児童が何を褒められているか分かりやすくします。例えば書字の丁寧さを褒める場合、きれいに書けているところに赤ペンで印をつけながら褒めるとよいでしょう。

③視覚刺激を伴って
声だけで褒めても分かりにくい場合が多いです。赤ペンのマルやシールなどの視覚的な刺激を伴って褒めるとよいでしょう。

ただし、児童がふざけている時、泣いている時、怒っている時、落ち込んでいる時などに称賛すると、それらのネガティブな状態を助長してしまうので、そのような事態が生じている場合は何も声をかけないのが正解になります。特に低学年では「ネガティブな時以外は全て褒める」ぐらいの感覚で、常に肯定的なフィードバックを返すとよいでしょう。

バツはつけない・消しゴムも使わない

ひらがなを学習する段階にある児童は、文字の学習にそもそも慣れていません。そのため、削れる負担は徹底的に削りながら指導を進めましょう。誤字を消しゴムで消そうとしてうまく消せずに紙が汚くなったり、破れたりする事態が生じると、児童のやる気を削いでしまうことがあります。消しゴムで消す負荷そのものを嫌う子もいます。そのため、本プログラムでは誤字は消させず、余白にもう一度書かせ、称賛する方法で修正を図ります。この「もう一度書かせる」というのを嫌がる児童の場合、時間を置いて別の紙に書かせると意外にもすんなりと書いてくれることがあります。ただし、「間違えた字を見られたくない」というように、自ら消すことを希望する場合は消させても構いません。また、児童が書くべき文字が分からなくなった時に「考えさせよう」と思ってすぐに答えを教えない方針の先生もいますが、これは学習への負担を増し、文字に嫌悪感をもつ源になりますので、本プログラムではすぐに教えて構いません。

読み書きの基礎にねらいを絞る

文字の書きを指導する際には、「正しい筆順で」「止め・はね・払いを正確に」等、様々なねらいが考えられます。同様に読みを指導する際には「大きな声で」「はきはきと」等、様々なねらいが想定できます。しかし、ねらいの数を増やしすぎると指導効果は大幅に薄れます。そこで本プログラムでは、極限までシンプルに、①「手本なしで、1文字をパッと読める」②「手本なしで、1文字をパッと書ける」、以上の2点のみを優先的にねらいます。

読み書きは「パッと」できるまで練習する必要があります。「えーっと……」と思い出しつつ読み書きするような場合、しばらく時間が経つと忘れてしまうことがほとんどですから、読み書きに時間を要した字は記録し、復習しましょう。

もう一点大切なことは、「手本なしで」できるようにするということです。つまり、「教師の読みを復唱する」「文字を見て文字を書く」という視写ではなく、「文字を見て自力で読める」「絵を見て文字を書く」「教師の声を聞いて聴写する」というところまでできるように指導しましょう。

これら以外の「筆順」「止め・はね・払い」等の内容は、可能であれば付加的にねらうこととし、強くこだわりません。筆記の際の字形は徐々に修正すればよいので、最初は最低限読める程度であれば構いません。筆順も極端に書きにくくならない順序であれば、ある程度大目に見て構いません。

3　ひらがな指導を開始する前に（前駆的スキルの確認・指導）

鉛筆がある程度持てるか

本書のひらがな指導法は鉛筆を握って書くというスキルが事前に習得されていることが前提となっています。仮名の指導開始前に完璧な運筆を求める必要はなく、文字の練習を通して運筆を練習することもできます。ただし、視写のミスが多くなると文字学習を嫌いになってしまいますので、事前に最低限の鉛筆の持ち方を確立させておきましょう。仮に鉛筆を持った経験が十分でない場合は、後述する運筆プリントを用いて運筆練習をしましょう。その他、迷路や塗り絵、線つなぎなどを用いて運筆を事前に練習しましょう。視写の際にマスから大きくはみ出さないレベルになっていたら、ひらがなを筆記する学習を開始して構いません。

最低限度の学習態勢が確立されているか

机に向かう学習には大なり小なり負担が伴います。嫌がる児童に無理やり取り組ませると、文字の学習そのものが嫌いになり、ひらがなだけでなく今後のカタカナや漢字の学習にも悪影響を及ぼすことがあります。また、絵本などの児童が楽しめる課題の中だけで指導することも考えられますが、学習の密度が確保できず、習得が難しくなることがあります。このような場合、「ひらがな学習が終わったら粘土で遊べる」「絵本が読める」というように、その子が好む課題をご褒美にして、学習態勢を整える方法があります。また、指定された課題が終わったら、スタンプを押したりシールを与えたりするなどの手段を講じても構いません。このように物を与える方法に抵抗を覚える先生もいますが、近年では全く害がなく、むしろ積極的に行われるべきものであるとされています。

最低限の語彙量はあるか

本書のプリントには、絵をもとに文字を書く課題、絵と文字を線でつなぐ課題が含まれています。そのため、絵を見て名称がある程度言えることが前提となっています。仮に未習得の語彙が多いことが予想される場合、本書のプリントの挿絵を指差して「これは？」と問い、教師が手本を言って復唱させ、手本を徐々に減らす指導を反復実施して、絵の名前が言えるように指導しておきましょう。

4　読みの指導法

文字カード（ダウンロード教材：17頁）を使用し、大きく分けて2つの方法で指導します。2文字を1セットにして進めます。

「読み聞き」

文字カードを「見る・聞く」ことで学習を進めます。フラッシュカードの要領で、教師がカードを見せて読みを言うところを見せます。復唱させても構いません。負荷が低い学習方法ですが、児童に反応を求めない分、集中の持続が難しく、これだけではなかなか覚えられない子もいます。その場合、後述する「読み言い」とセットで行い、たまに「これはなんて読む？」と問うて発声を求めましょう。

「読み言い」

文字カードを見せて「これは？」と問い、児童に読みの発声を求めます。言えない場合は教師が手本を言い、復唱させます。自力で言えず、手本の復唱であっても「ナイス！」「いいね！」等と励ましましょう。そして数秒ずつ教師の手本を遅らせ、自分で読みが言えるようにします。集団で実施すると他者の読みの復唱になってしまい、文字を見て読むという学習にならないこともありますが、誤答が目立たないのでネガティブな反応が生じにくいです。逆に個別で行うとよく覚えますが、負荷が大きく、誤答を気にする子もいます。その場合、「読み聞き」の活動を併用しましょう。

発声や記憶が困難なケースは「指差し」を追加

緊張その他、様々な理由で声の表出が難しく、「読み言い」ができないケースもあるでしょう。このような場合、数枚のカードを机の上に並べ「〝へ〟はどれ？」「〝い〟はどれ？」のように教師が問うて、児童にカードの指差しを求める学習方法があります。指差しは発声が難しいケースだけでなく、記憶を促したい場合にも活用できます。例えば「読み聞き」「読み言い」を数日実施しても、全く読みが言えない場合、「指差し」「読み言い」を併用して2文字ずつ指導し、覚えたら1文字ずつ文字数を増やしていくとよいでしょう。

また、「指差し」はカルタと似た課題なので、学習後のゲーム的な課題としてご褒美に使うこともできるでしょう（その際、必ず絵が含まれていない、文字だけのカードを使用しましょう）。

進行ペースと復習

進行のペースは児童の記憶の状況によって異なります。読み書きを問わず「パッとできるものは記憶に残りやすい」という法則があります。読めなかったカードの他、「えーっと……」と少し詰まるカードがあったら数分時間を置いて再度練習しましょう。進めるペースは1日2文字を上限に、8〜9割以上の正答率をキープできる範囲で進行するとよいでしょう。

読めない文字が増えた場合、進行を一度止め、同じ文字を数日かけて繰り返し練習しましょう。

また、これまでに学習した仮名の復習も毎日繰り返し行います。可能であればこれまでに学んだ全ての文字を毎日復習するとよいでしょう。学習が進んで習った文字が増え、全ての文字の復習が大変な場合は、連続して何日か正答している文字の復習を1日飛ばしてみましょう。そしてその翌日も覚えていたら、2日飛ばし、さらにその翌日も覚えていたら3日飛ばし、というように、徐々に復習の間隔を空けてみましょう。

後述するプリントを使った筆記の学習よりも、数文字先行させて読みの習得が進むのがベストです。

また、プリントの学習に児童が慣れると、教師の手が空くタイミングをつくることができます。その時に、教師が児童の席に行って個別に「読み言い」を行い、読める文字を確認しながら学習を進めるのもよいでしょう。

読みの学習スケジュールのイメージ

	1日目	2日目	3日目	4日目	5日目	6日目	7日目	8日目	9日目	10日目
へ	○	○	○	○	○	なし	○	なし	なし	○
い	×	○	○	○	○		○			○
の			○	○	○	○	なし	○	○	○
ろ			○	○	○	○		○	○	○
つ				×	○	○	○	なし	○	○
よ				×	○	○	○		○	○
り						○	○	○	○	なし
て						○	○	○	○	
う							○	○	○	○
け							○	○	○	○
く								○	○	○
す										○
こ										○
ん										○
し										○
お										○

2文字で1セット

前に習った2文字を
きちんと覚えてから、
次の2文字を開始しましょう。

指導時間を短縮したい場合
何日か連続で正答できていたら
少しずつ間を空けてみましょう。

5　教材の使い方

教材は「①清音プリント」「②特殊音プリント」「③テスト」「④文字カード」「⑤運筆プリント」「⑥記録用紙」で構成されています。

① 清音プリント（その1～23）

1日分4枚で構成されています（14頁の図を参照）。これをステイプラ止めして配付します。1ページ目は、絵と文字を線で結ぶ課題です。例えば「う」と「牛の絵」を結ぶことになりますが、この際「う」1文字の読み方を「うし」であると勘違いしてしまう場合がありますので、「これは〝う〟だね」というように教師が指差して1文字分の読みを言いながら進めるとよいでしょう。

2～3ページ目はなぞりと視写が中心です。薄い色の線やマスから大きくはみ出す場合は、はみ出さなかった箇所に小さな○をつけて称賛する、はみ出さなかった画数を「3ポイントゲット」のように得点化して、ポイントに応じてシールを与える等の称賛的な方法で、はみ出さずに書く画数を少しずつ増やしていきましょう。3ページ目の末尾には絵に応じた文字を書く課題があり、これは視写やなぞりよりも記憶に効果的です。

4ページ目には手本を見ずに筆記する課題があり、これは記憶に対する効果が最も高い部分ですが、その分、難度も高い課題となっています。書けない様子であれば余白に手本を書くか、前のページにさかのぼって答えを見ても構わない旨を説明しましょう。最後にこれまでに習った文字を線結びとなぞりで復習し、これで1日分の清音プリントが完了となります。

② 特殊音プリント（その24～41）

清音を十分覚えた後に使用するプリントです（15頁の図を参照）。濁音・半濁音のプリント（その24～28）は清音プリントと同様に筆記とテストを反復します。拗音・促音プリント（その29以降）は単語を読みつつ、隣の点・曲線を鉛筆で叩く、なぞる等してリズムを覚えてから筆記させ、テストを反復します。点は1文字で1拍、曲線は2文字で1拍のリズムです。清音と同様に、これまでに学んだ字にさかのぼって復習するため、テストをなるべく多く行いましょう。ただし、特殊音の習得はカタカナや漢字よりも難しいケースが多いです。復習を継続しつつ、完全に習得させきる前にカタカナの学習を開始して構いません。特に拗音はカタカナで表記するべき単語が多くありますので、カタカナの指導を完了するタイミングで、大体の習得を完了させることを目指しましょう。

③ テスト（①～⑱）

文字の記憶上、一番重要なのは「テスト」です。時間と負担が許容するのであれば、これまでに習ったひらがな全てのテストを行いましょう。習っていない箇所はあらかじめ斜線を引くか、教師が答えを書いておきます（15頁の図を参照）。誤答は余白に答えを書いて視写させます。テストの誤答が多い場合、1回目のテストは「テストの練習」とし、直しを行ってから「本番テスト」として2回目のテストを行ってもよいでしょう。これは記憶のためだけでなく、正答率を上げることで児童に誤答を気にさせないためでもあります。また、誤答率が高い場合は清音プリントの進行ペースを落とし、同じ文字の学習を2～3日行ってから次に進む計画にしてもよいでしょう。後半になってくると、これまでに習った仮名が多くなり、テストの量も増えていきます。そのような場合、読みの学習と同様、「毎回書けている字は斜線を引いて1日飛ばす」というように、負担の軽減を図りましょう。

④ 文字カード

先述した「読み聞き」「読み言い」に使います。他のカードを使用する場合、絵が含まれていると文字を覚えにくくなることがありますので、文字だけを見せられるようにしましょう（この教材のダウンロード方法については17頁をご覧ください）。

⑤ 運筆プリント

鉛筆を使った筆記が困難な場合に使用します。清音プリントのなぞりや視写と同じように、できている個所に対して肯定的なフィードバックを返し、徐々に筆記の技能を高めていきましょう。拡大・縮小コピーして、その子がギリギリはみ出さずに書ける程度の大きさにして使いましょう。清音プリントを開始したら中断して構いませんが、児童が自分からやりたがる場合、テスト後のご褒美として運筆プリントが使えることもあります。

⑥ 記録用紙

きちんと記憶を定着させることができていないのに学習を先に進めると、効率が悪いばかりか過剰な負荷を児童に与えてしまいます。そのため、その日にどの文字をテストで書けたか、読めたかを確認するための記録をとりましょう。この表を見て、どの程度の密度で復習を行うか等、翌日の指導を計画してみてください。

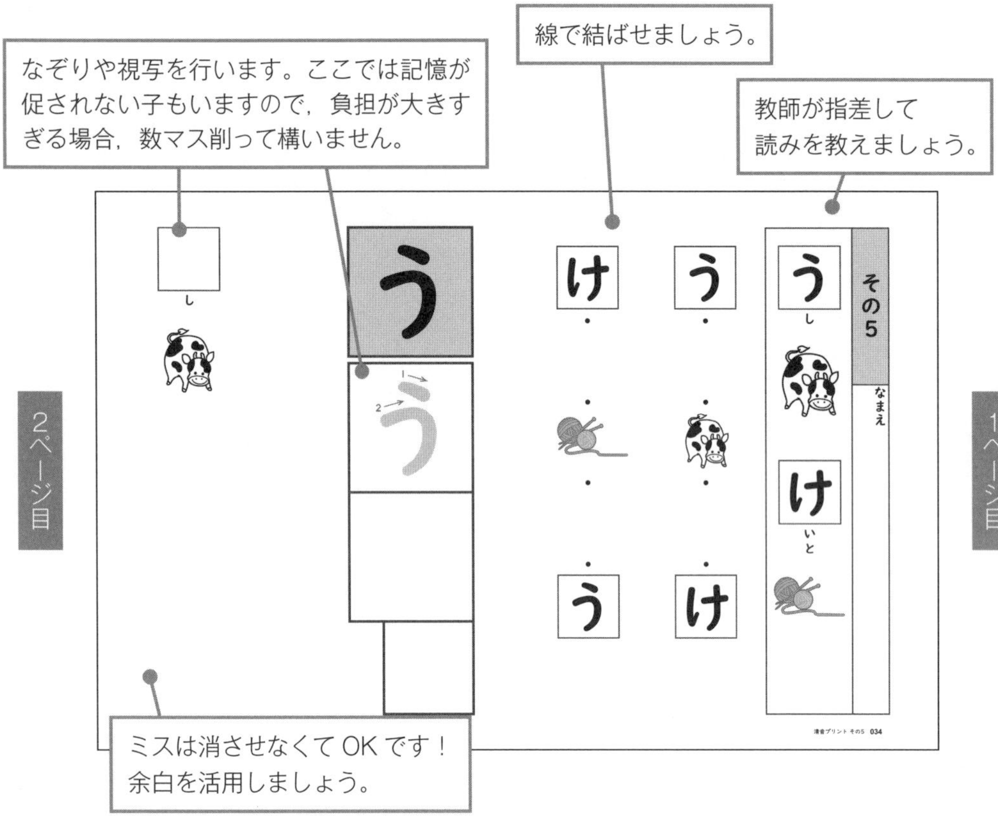
なぞりや視写を行います。ここでは記憶が促されない子もいますので，負担が大きすぎる場合，数マス削って構いません。
線で結ばせましょう。
教師が指差して読みを教えましょう。
ミスは消させなくて OK です！余白を活用しましょう。
2ページ目
1ページ目
その5
なまえ
清音プリント その5 034

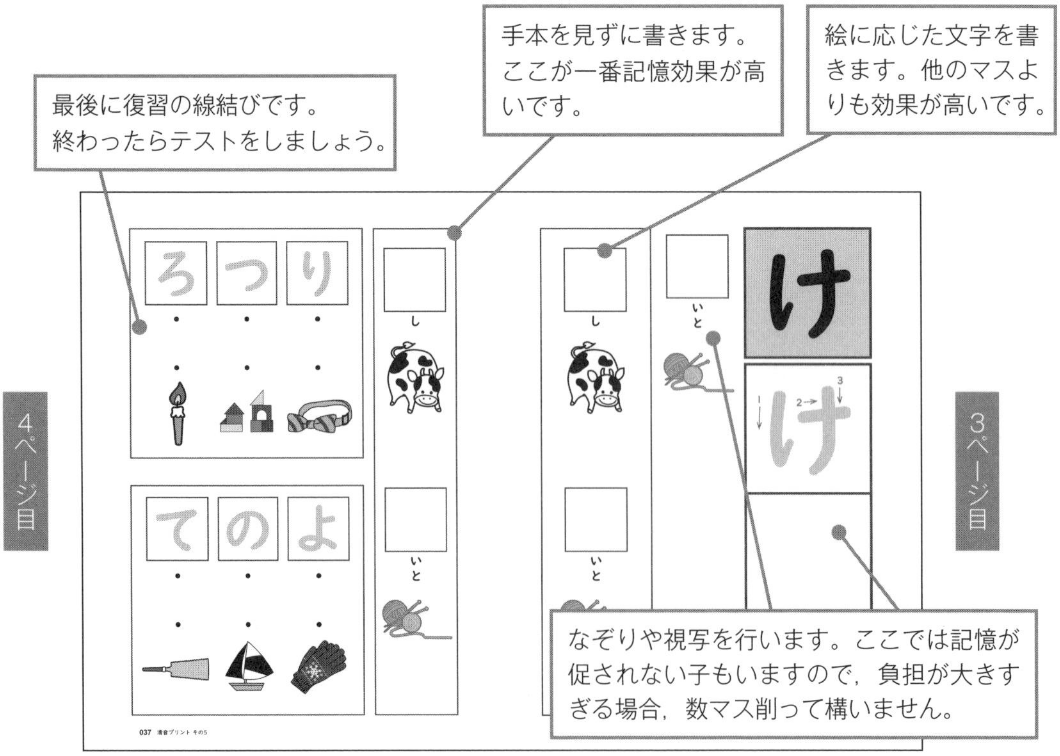
最後に復習の線結びです。終わったらテストをしましょう。
手本を見ずに書きます。ここが一番記憶効果が高いです。
絵に応じた文字を書きます。他のマスよりも効果が高いです。
なぞりや視写を行います。ここでは記憶が促されない子もいますので，負担が大きすぎる場合，数マス削って構いません。
4ページ目
3ページ目
037 清音プリント その5

テストのやり方

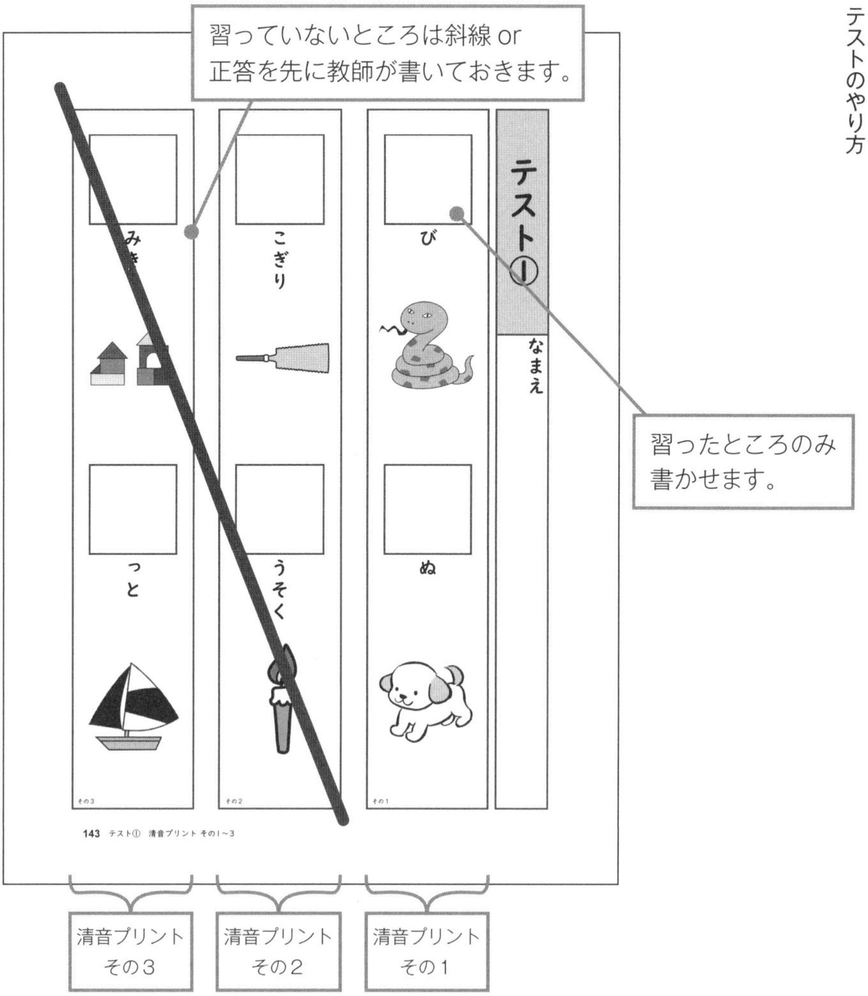

特殊音プリント（その29～）の指導法

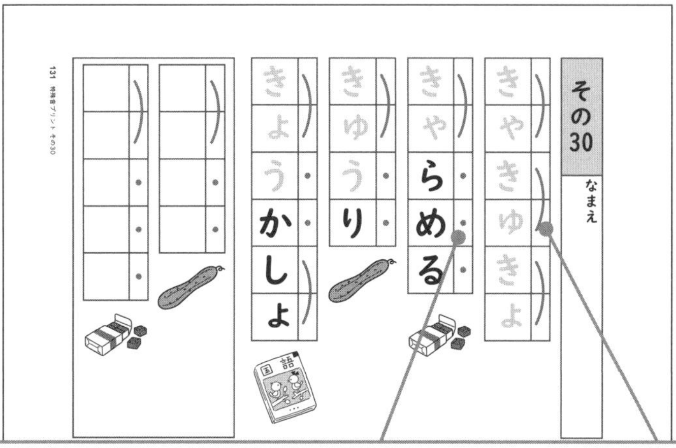

文字の横の点や曲線を叩いたり，なぞったりしながら何度か読み，その後筆記させます。点は１文字で１拍，曲線は２文字で１拍です。テストの際も，先にこの点・曲線をなぞりつつ唱えてから書かせましょう。

6 授業のスタイル

クラス全員がひらがなを新規に学習する場合、集団全体に文字カードを見せつつ読みを言う「読み聞き」で授業を開始するとよいでしょう。これまでに習ったひらがな全数の読みを1～2周、その日に新たに習うひらがな2文字を2～3周程度行い、その後、「今日はへびの〝へ〟」というように、単語を例に出しつつ黒板に字を書いて見せます。人数が少なければ、カードを見せて「これは？」と問い、文字を読ませる「読み言い」をこのタイミングで順番に行います。人数が多く待ち時間が長くなる場合は、「読み言い」を行わず、そのまま清音プリントを用いた学習を始めることも検討します。配付時に文字を指差して「今日は〝へ〟と〝い〟をやるよ」というように説明を付加してもよいでしょう。そして児童が黙々と清音プリントに取り組んでいたら個々の席を回って一人ずつ「読み言い」を行いましょう。清音プリントができた児童から時間を空けずにテストへと進みます（全員が終わるのを待っていると、その間に忘れてしまったり、ヒマになって別のことを始めたりしてしまうかもしれません。待ち時間は極力減らしましょう）。

テストは記憶効果が高いものの、負担が大きい課題です。終わった後に好きな絵本を読めるなど、お楽しみの課題を用意するのもよい手段です。テストの正答率が低い場合は先に進まず、明日も同じ文字を学習しましょう。

7 指導がうまくいかない時に

① 筆記が持続しない・取り組みの継続が難しい

きちんと筆記しているタイミングで称賛する、その子が好むシールやスタンプを細かに与えて達成感を与える等の方法を考えましょう。また、例えば絵本の中の仮名を探す等、好きな課題とセットにして実施してもよいでしょう。誤答に対してネガティブな気持ちになる子の場合、ミスをすることは悪いことではないことを伝えましょう。書き直しを罰であると捉える子の場合、誤字の直後に行わず、時間を空けてから行いましょう。

② 書きを記憶していられない

清音プリントよりもテストの方が記憶効果は高いです。負担を許容するのであれば、清音プリントの一部のマスを削り、その分の時間でテストを反復しましょう。また、「〝あ〟って書いてみて?」のように問うて書かせる聴写をするのも効果的です。

③ 単語になると書けない

文字単体だけでなく、単語を書けるようになるためには多くの単語例で学習する必要があります。本プログラムと教科書、さらに教室や家にある身近なものの名前をピックアップして書く練習をしてみましょう。その際、絵を見て自力で一つ一つの単語が書けるようになってから次の単語へ進むようにしましょう。十分できていないのに先に進むと効果が薄いです。

④ 課題時間の調整が必要(遅すぎる・速すぎる)

タイマー等で視覚的に時間を提示し、プリント1枚ごと等細かに時間の目標を決め、できた場合に称賛しましょう。本書14頁を参考に削る課題を考えましょう。なお、各種プリントには名前欄がありますが、これは教師が書いても構いません。

*文字カードは下記のQRコード、または左記のURLより無料でダウンロードできます。
URL:https://meijitosho.co.jp/308027#supportinfo
ユーザー名:308027　パスワード:hiraganawork

その1

なまえ

へ

び

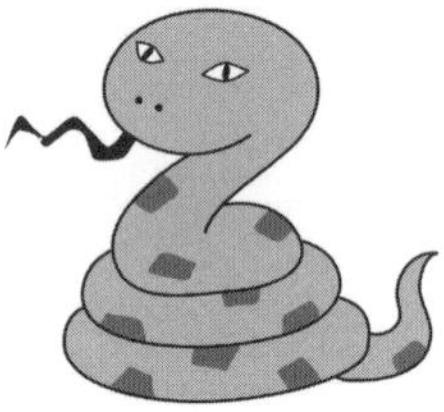

い

ぬ

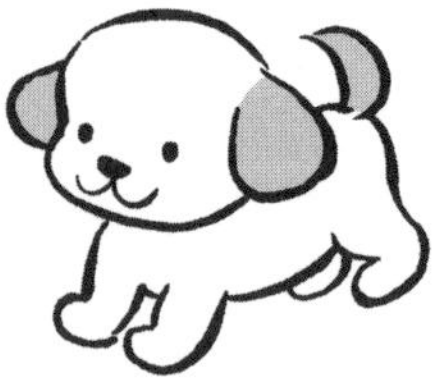

へ

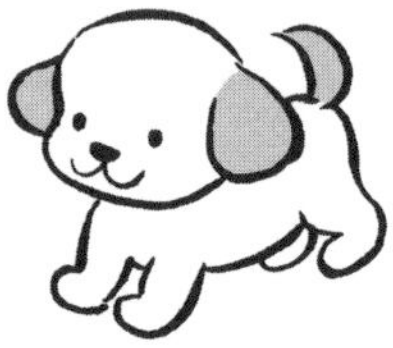

い

い

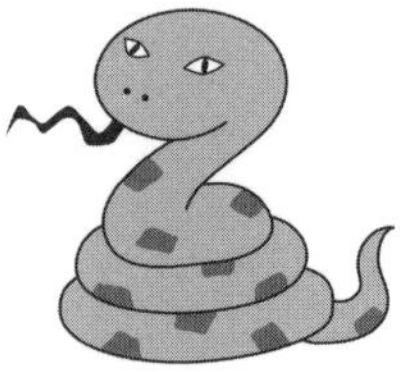

へ

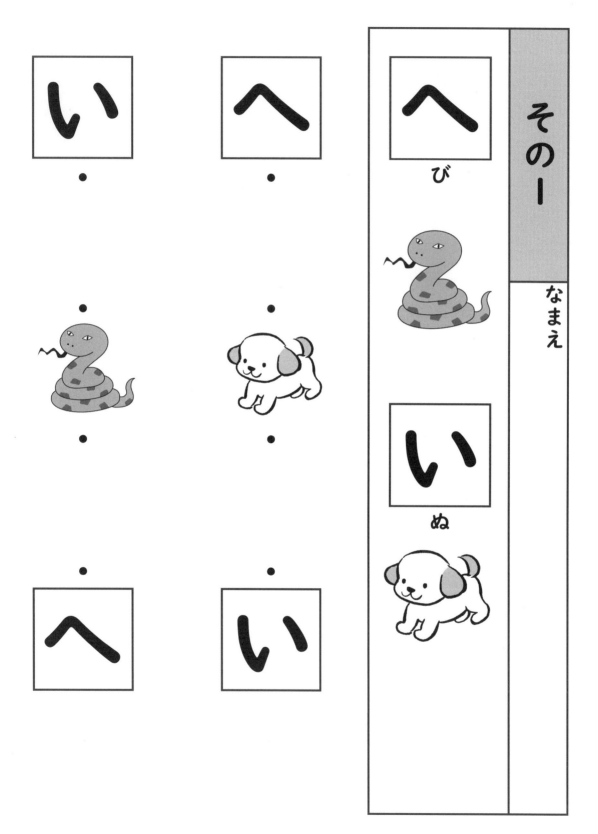

び

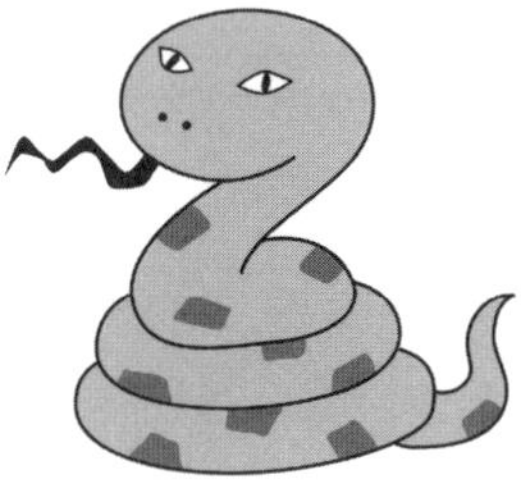

へ

1 へ

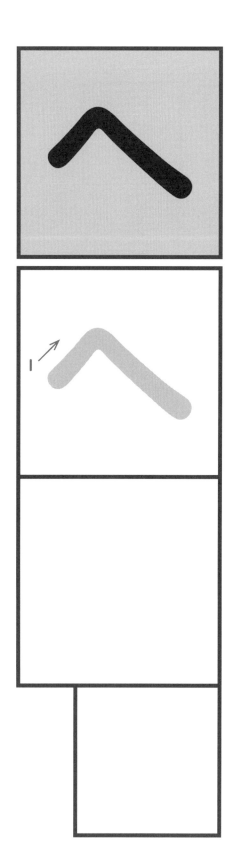

い

ぬ

び

ぬ

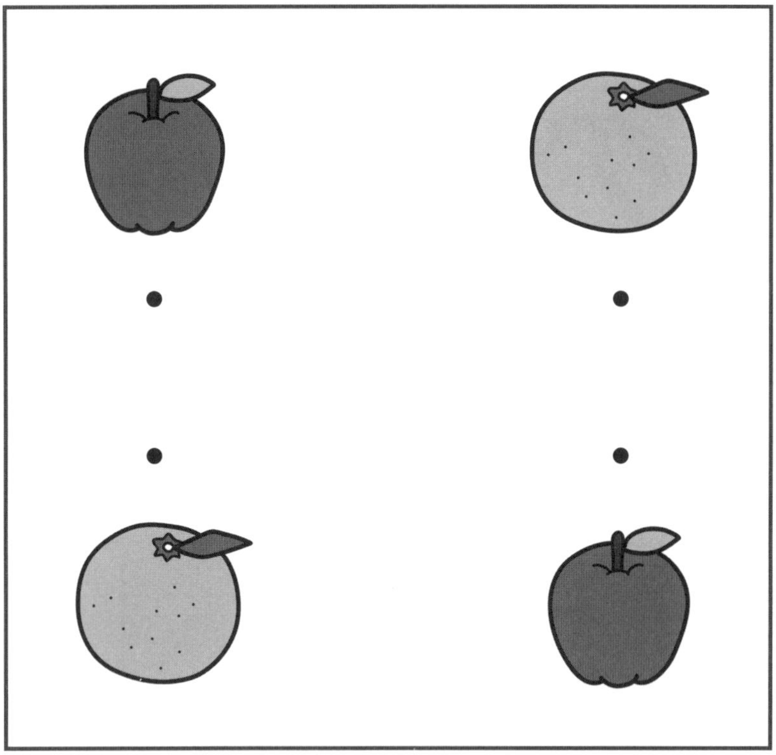

び

ぬ

その2

なまえ

の

こぎり

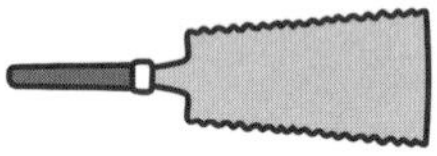

ろ

うそく

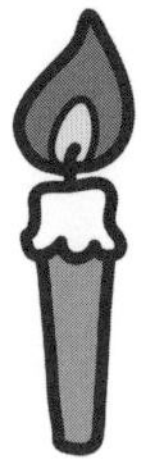

の

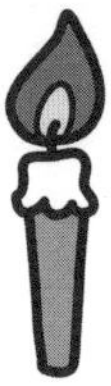

ろ

ろ

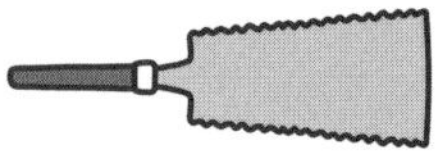

の

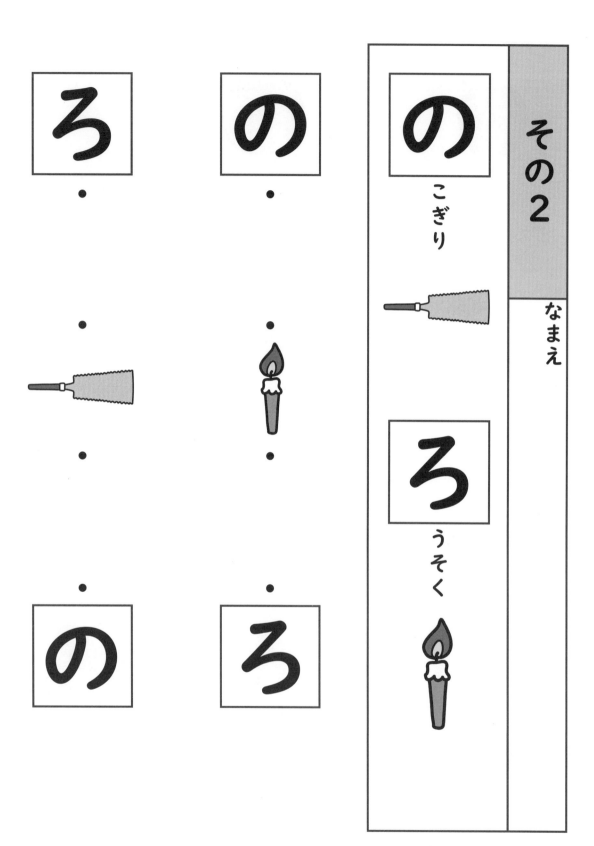

の

の

こぎり

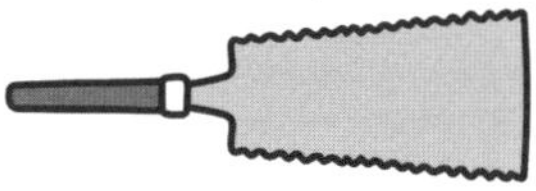

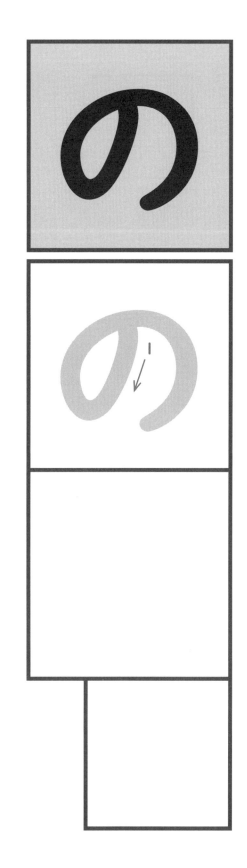

ろ

ろ

うそく

こぎり

うそく

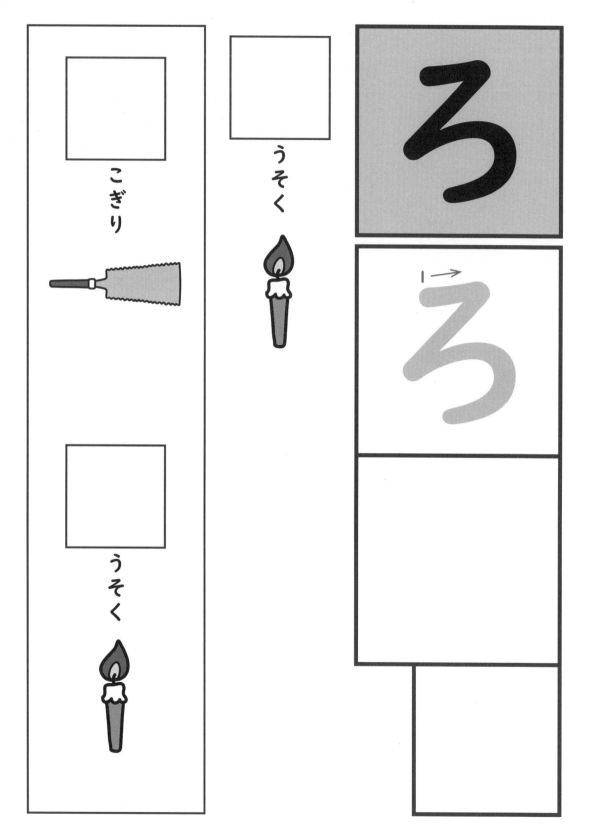

へ

い

こぎり

うそく

その3

なまえ

つ

みき

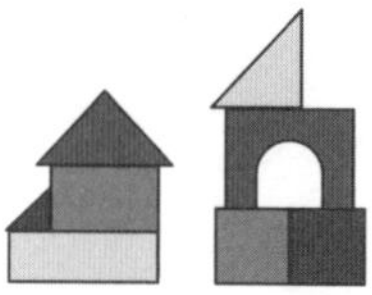

よ

っと

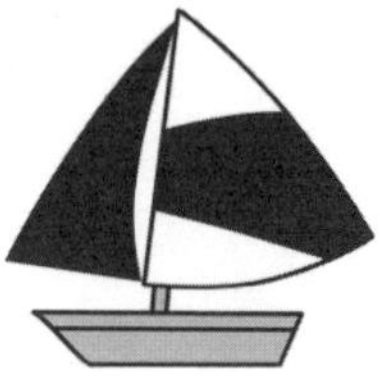

つ

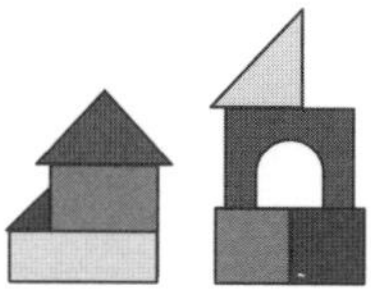

よ

よ

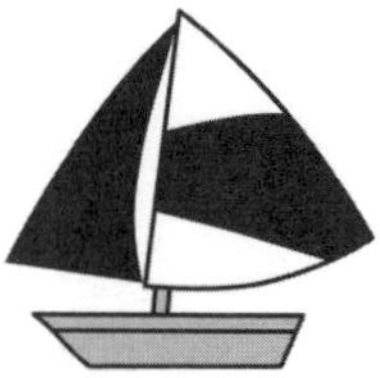

つ

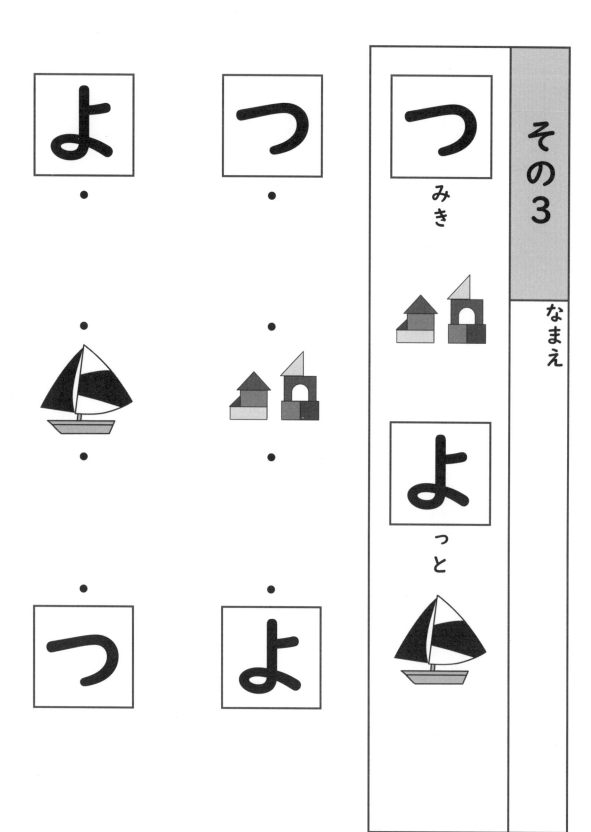

つ

1 つ

みき

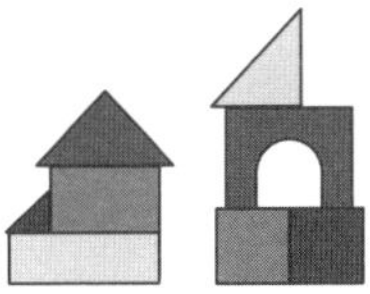

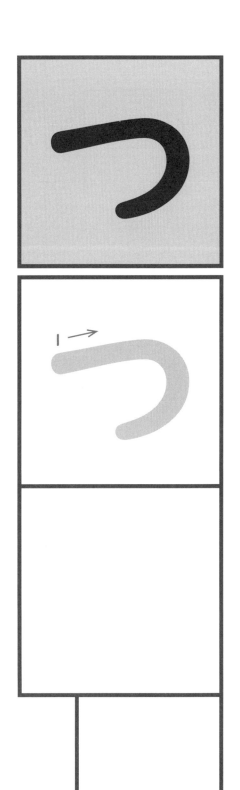

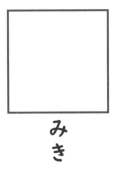

よ

よ

2 1

っと

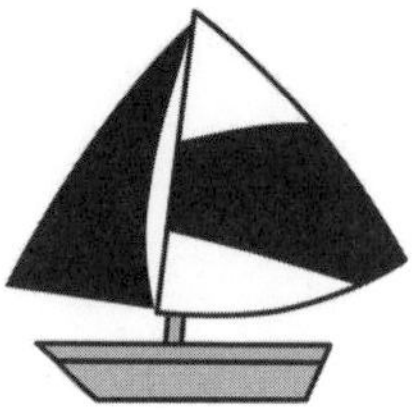

みき

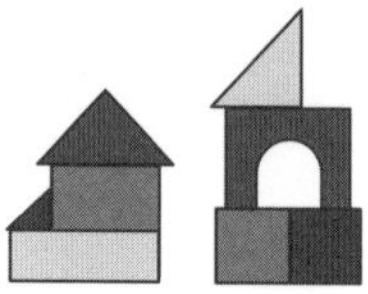

っと

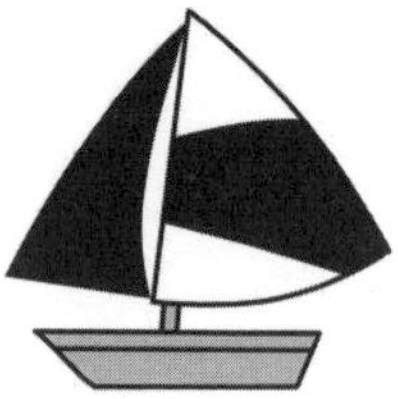

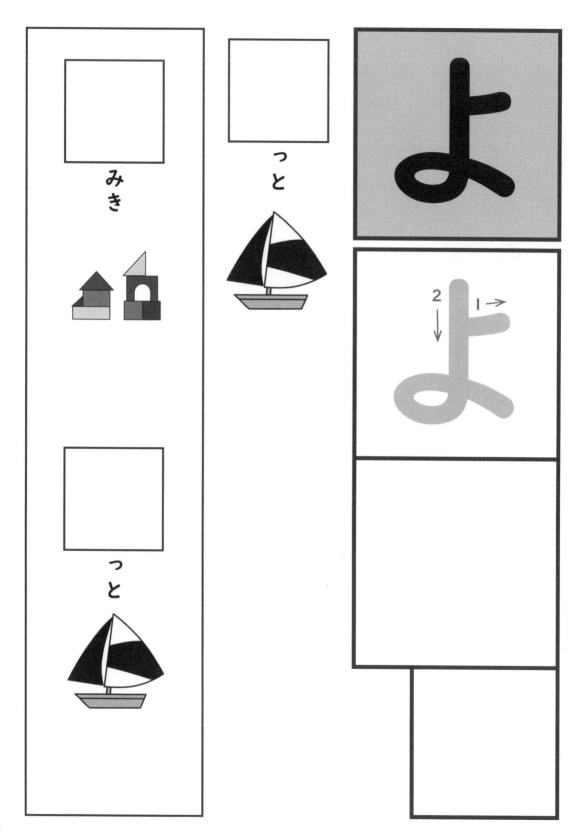

ろ

へ

い

の

みき

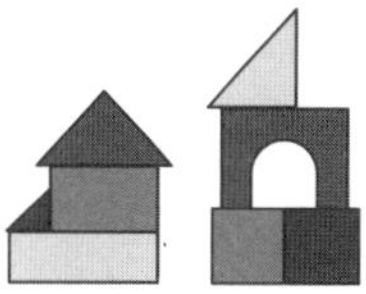

っと

その4

なまえ

り

ぼん

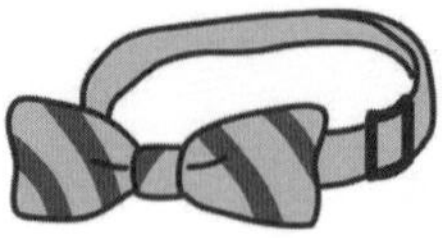

て

ぶくろ

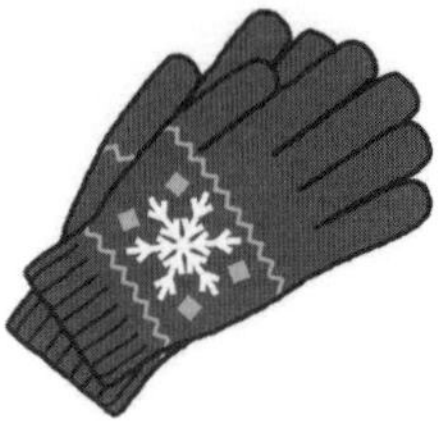

て

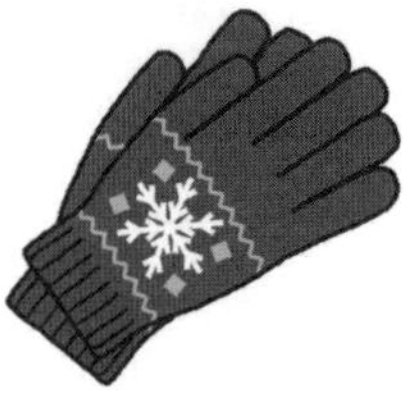

て

り

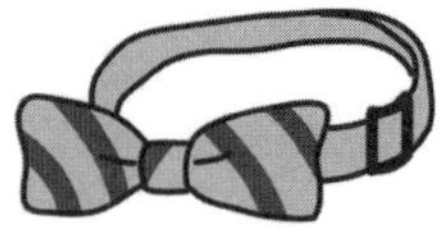

り

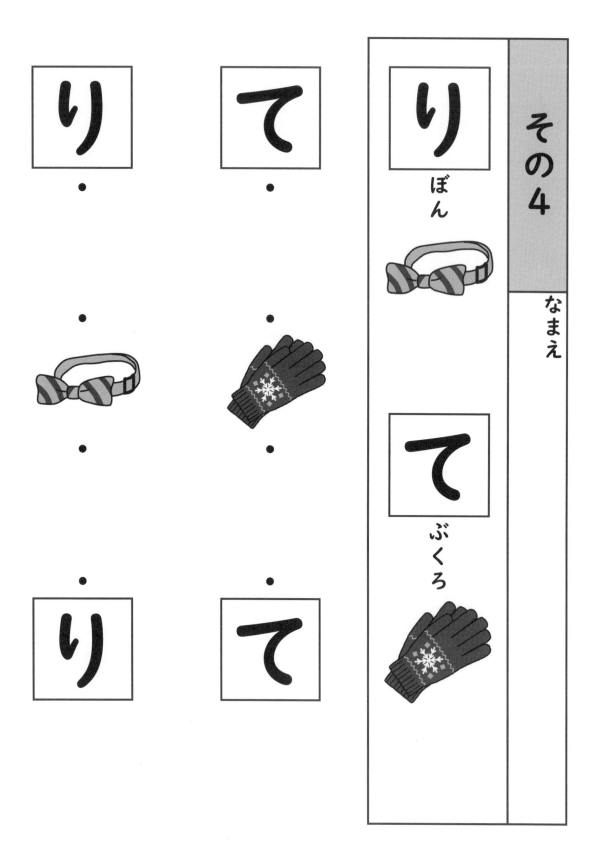

り

り

1

2

ぼん

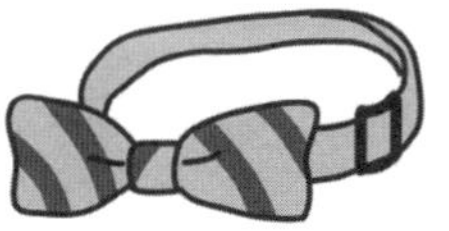

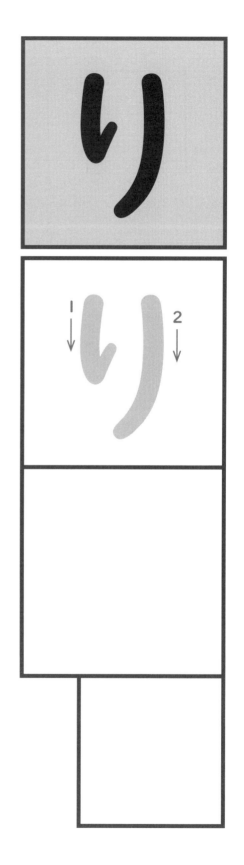

て

1→ て

ぶくろ

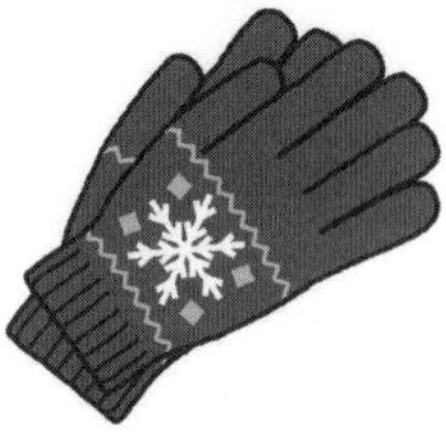

ぼん

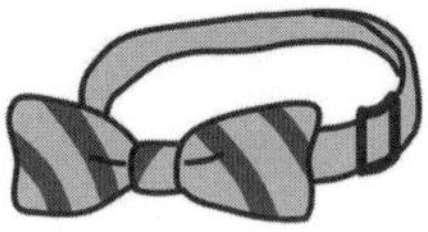

ぶくろ

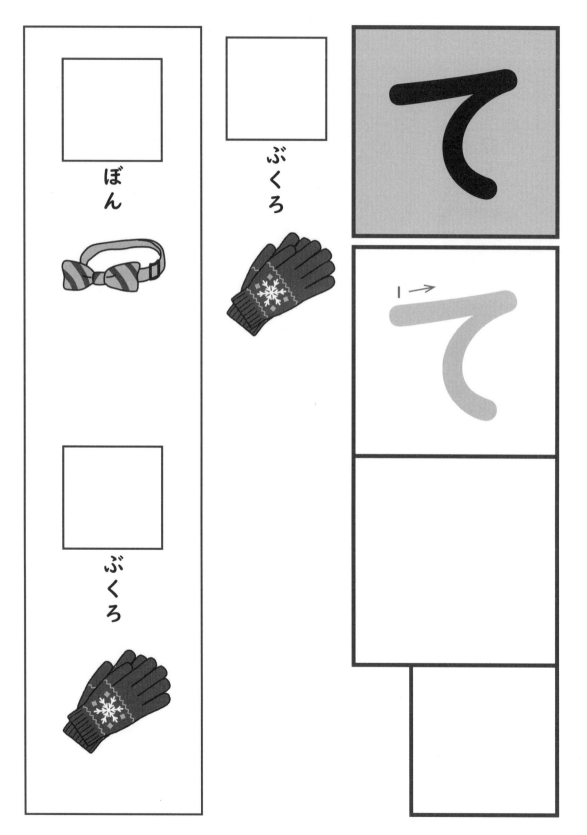

ろ　つ　へ

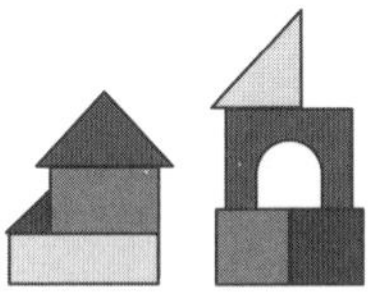

い　の　よ

ぼん

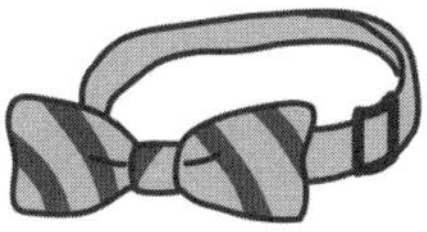

ぶくろ

その5

なまえ

う

し

け

いと

う

け

け

う

う

1
2
う

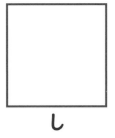

し

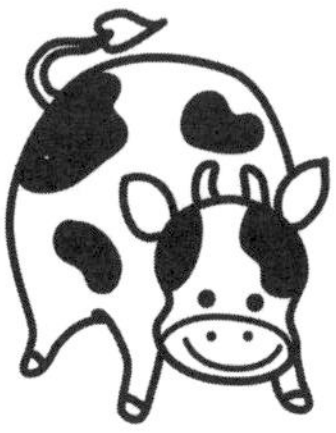

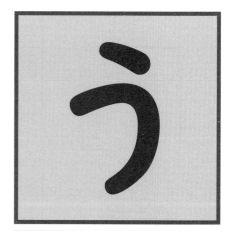

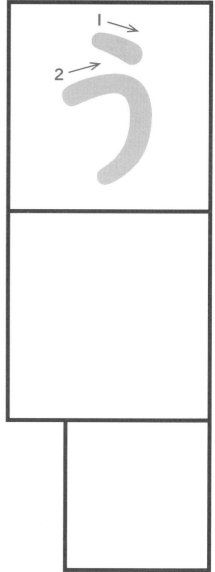

け

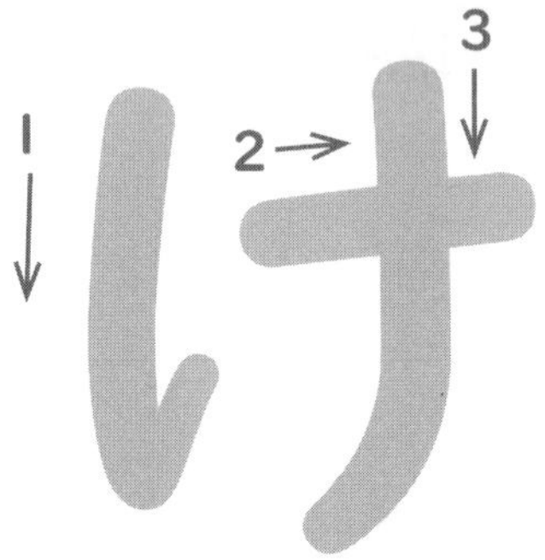

いと

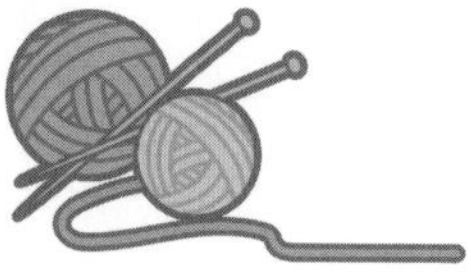

し

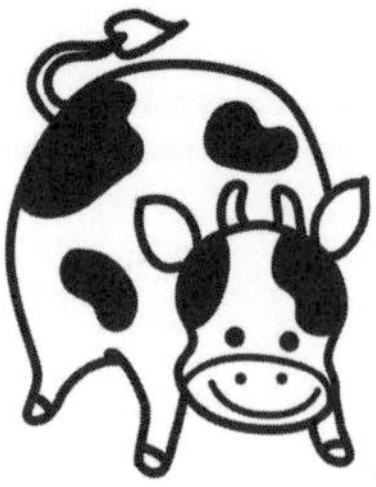

いと

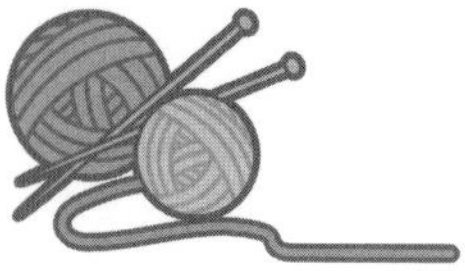

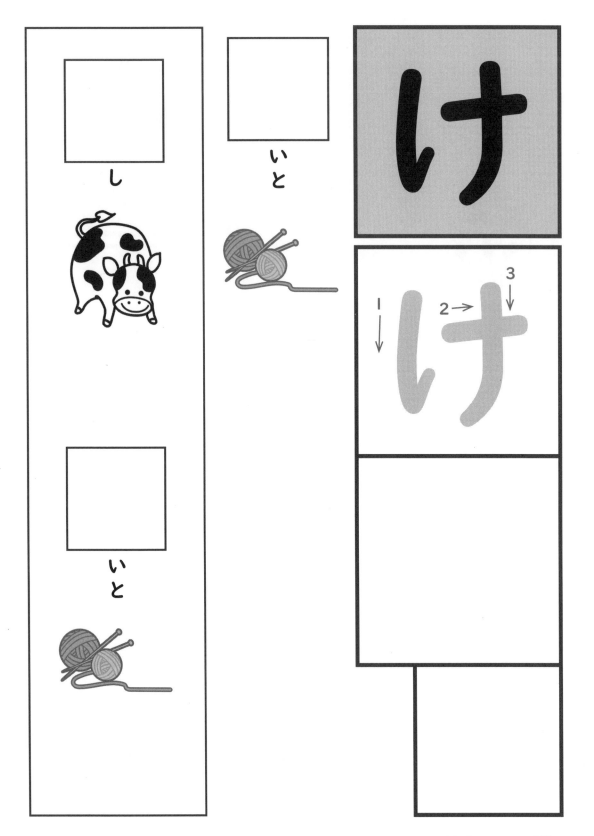

ろ つ り

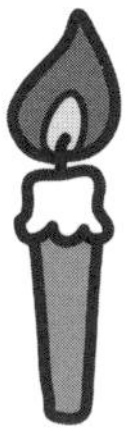 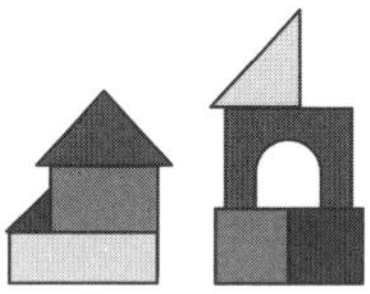 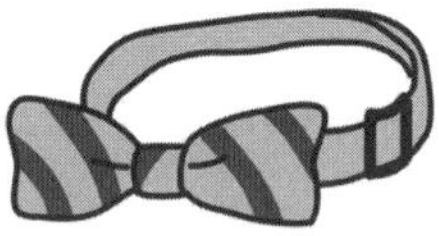

し

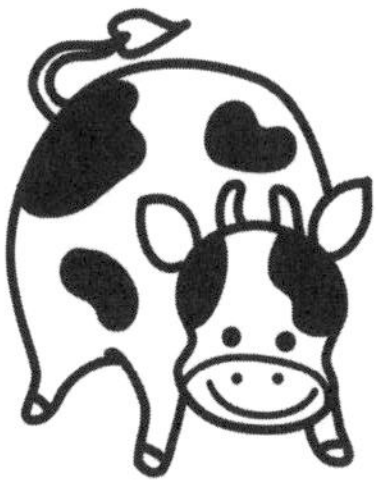

て の よ

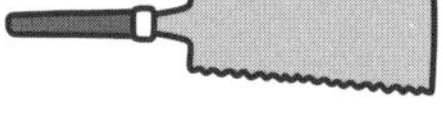 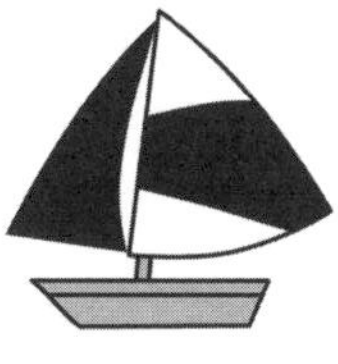 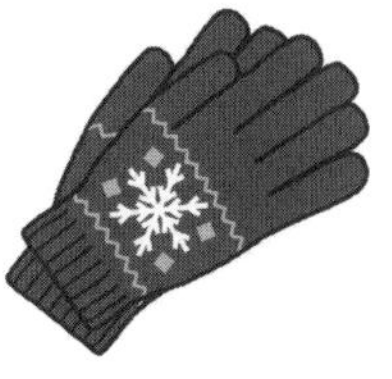

いと

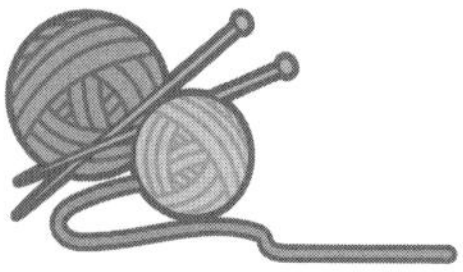

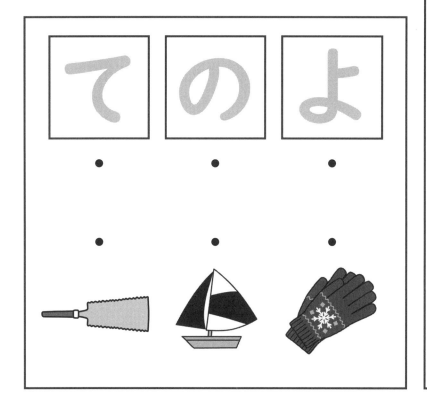

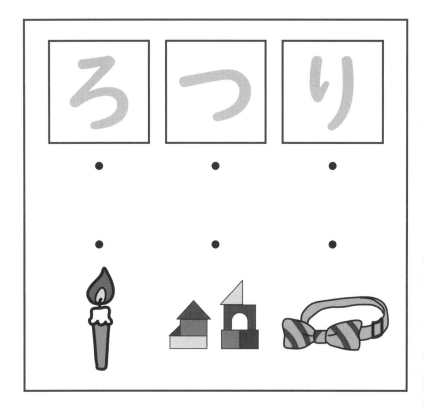

その6

なまえ

く

わがた

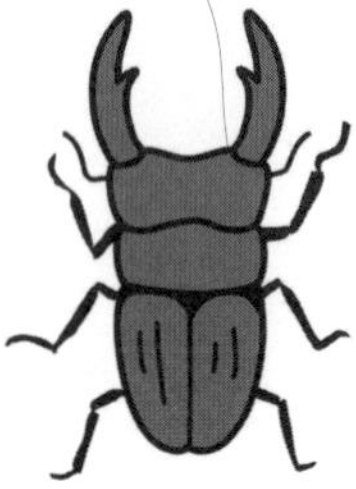

す

ずめ

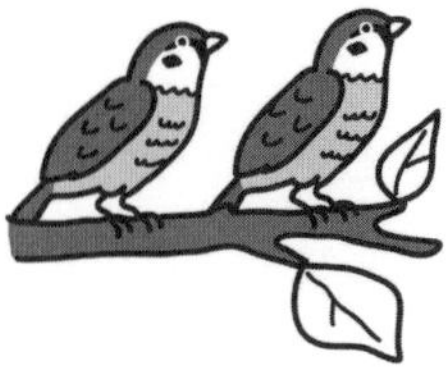

く

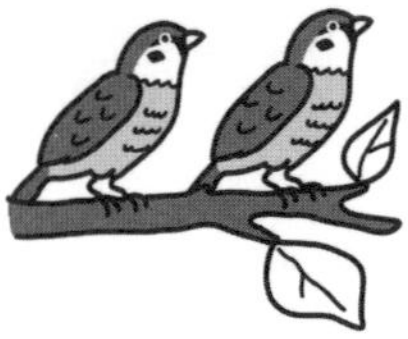

く

す

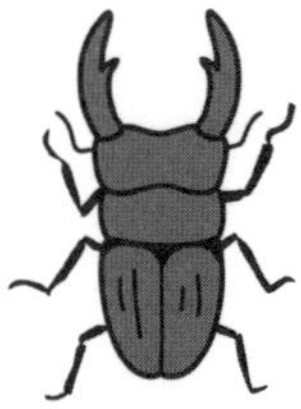

す

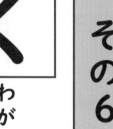

く

1

く

わがた

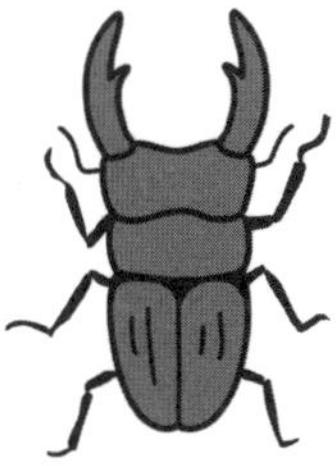

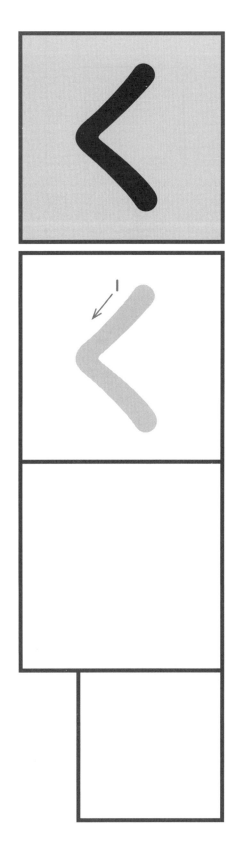

す

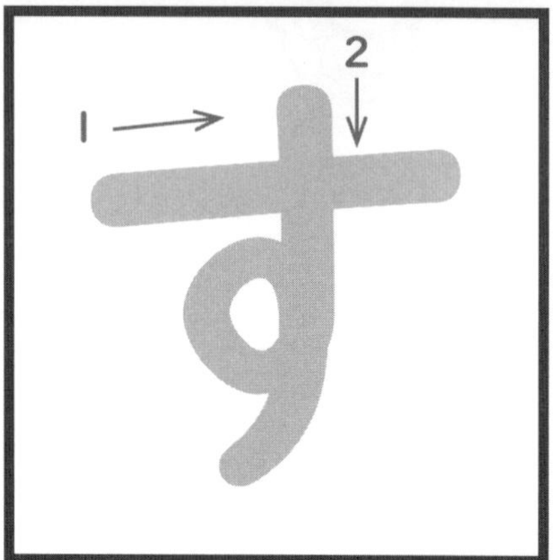

ずめ

わがた

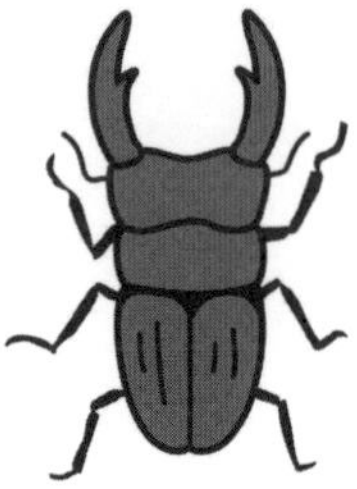

ずめ

け　つ　り

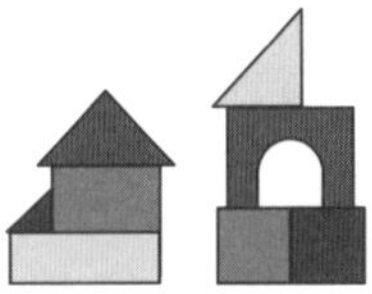

て　う　よ

□わがた

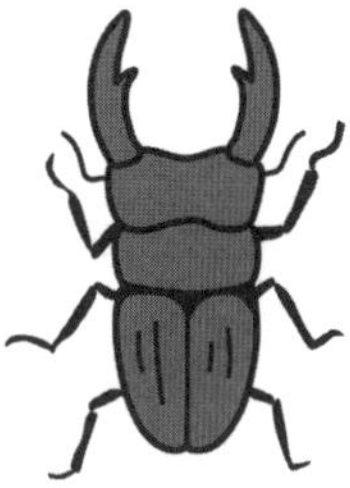

□ずめ

その7

なまえ

こ
い
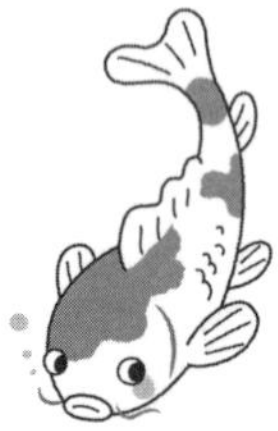

かば
ん
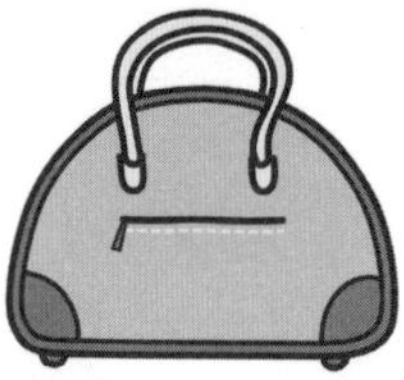

ん
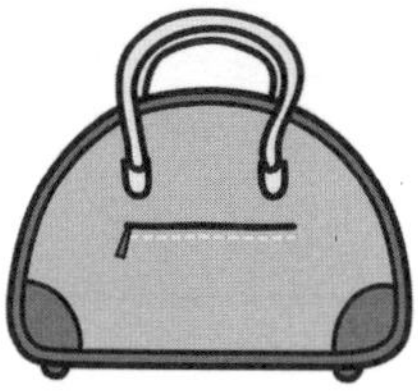
ん

こ
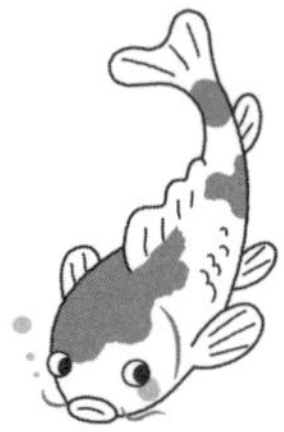
こ

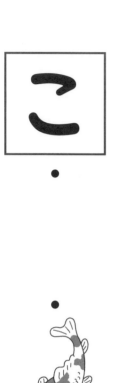

こ

1
こ
2

い

ん

1

ん

かば

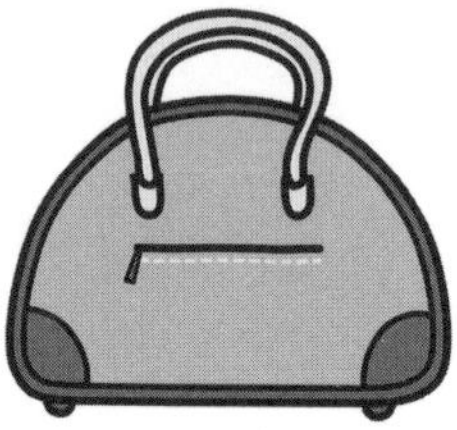

い

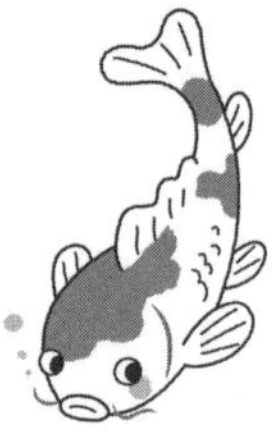

かば

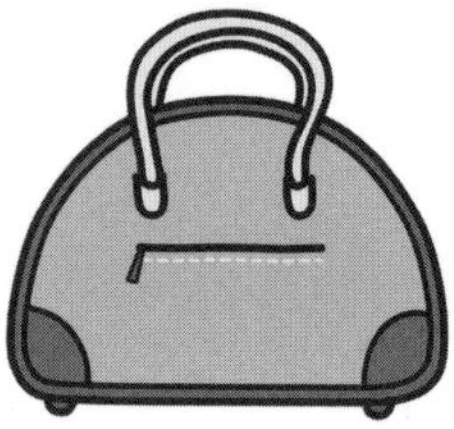

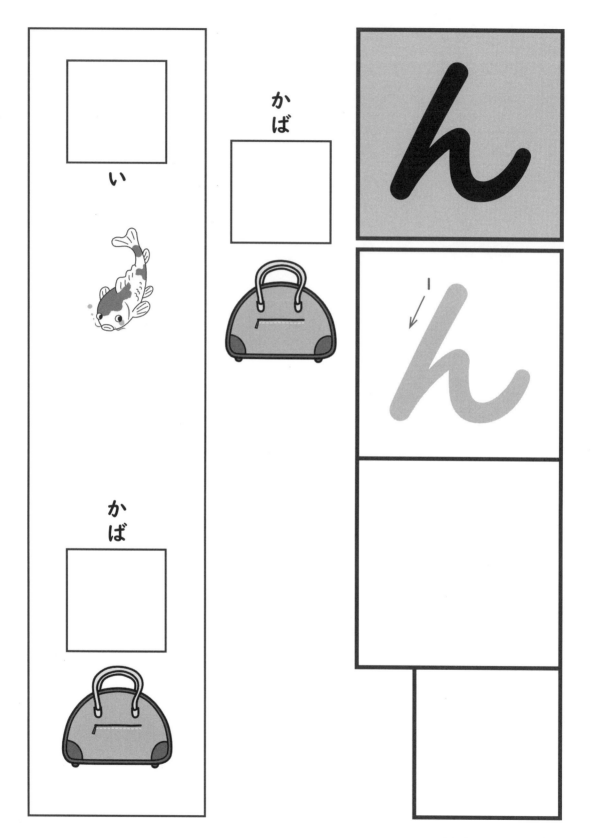

け　く　り

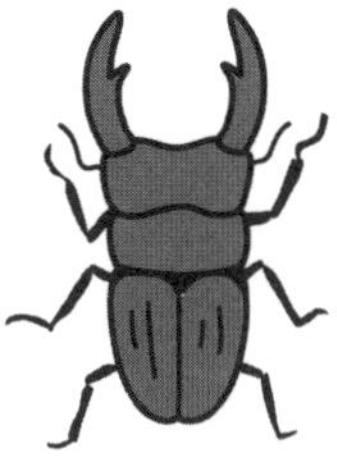

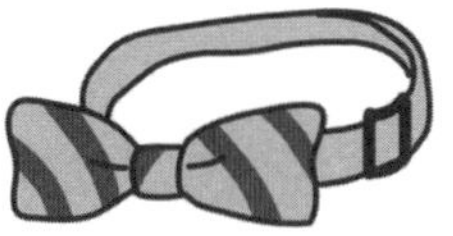

て　う　す

い

かば

その8

なまえ

し
まうま

お
に

し

お

お

し

し

し

まうま

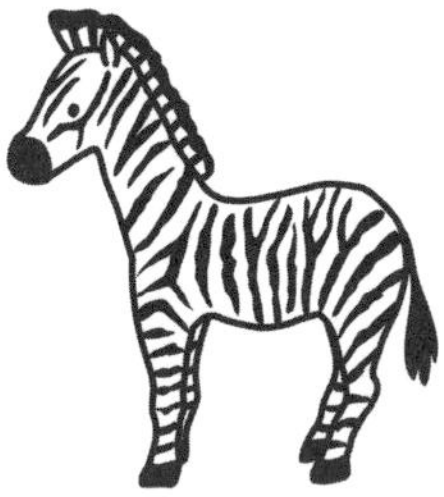

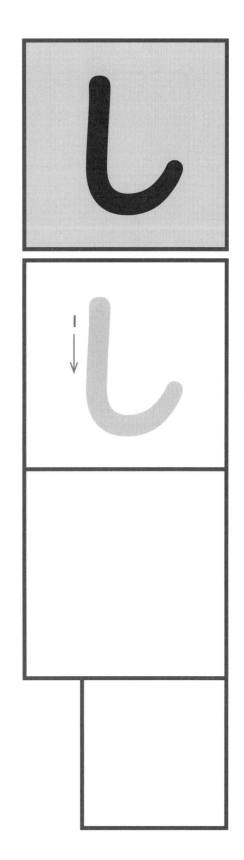

お

お

に

まうま

に

け く ん

  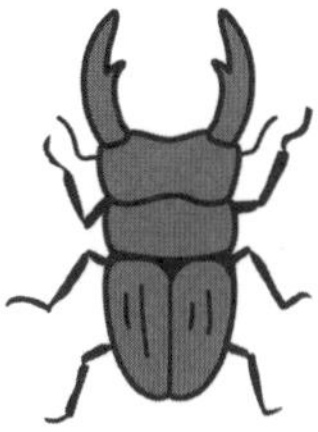

こ う す

まうま

に

その9

なまえ

とんぼ

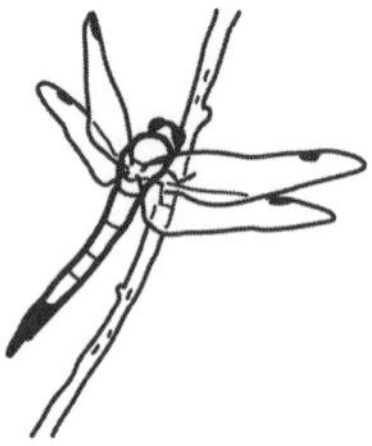

ひとで

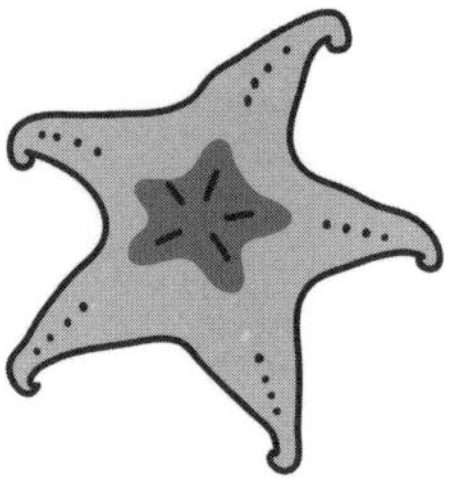

ひ

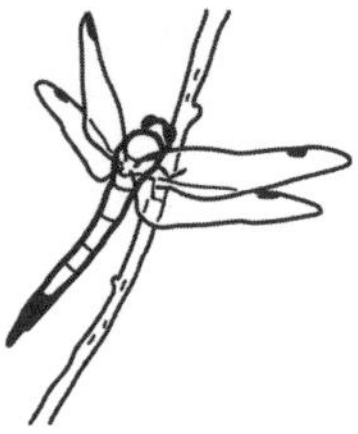

と

と

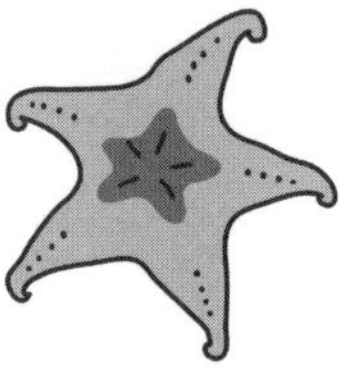

ひ

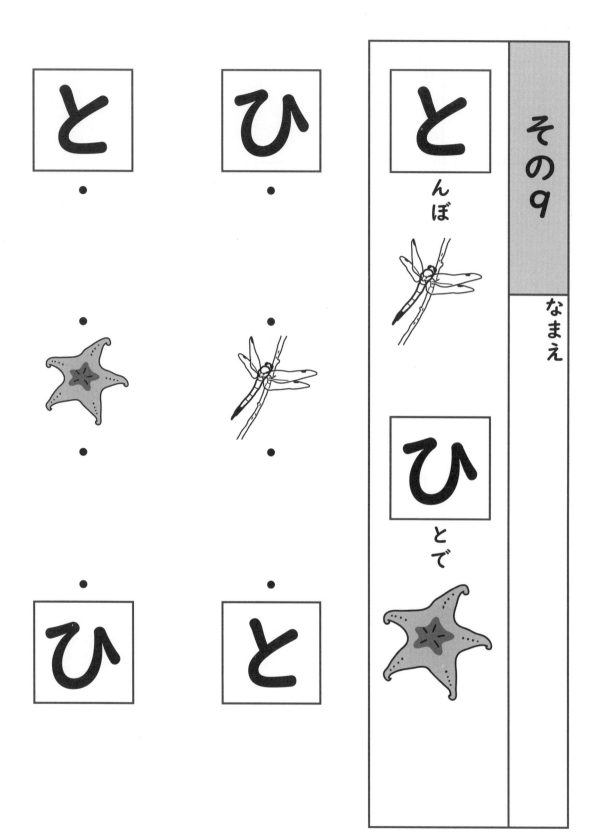

と

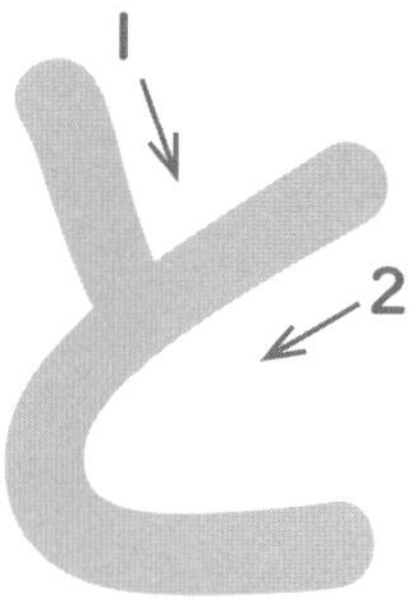

□んぼ

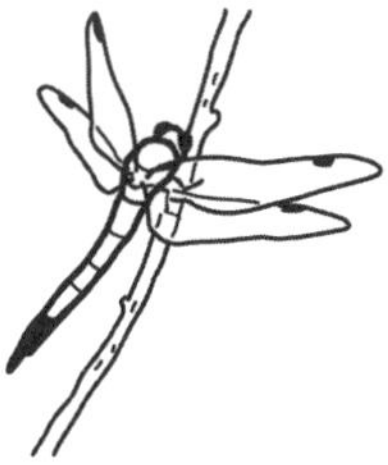

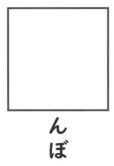

ひ

ひ

とで

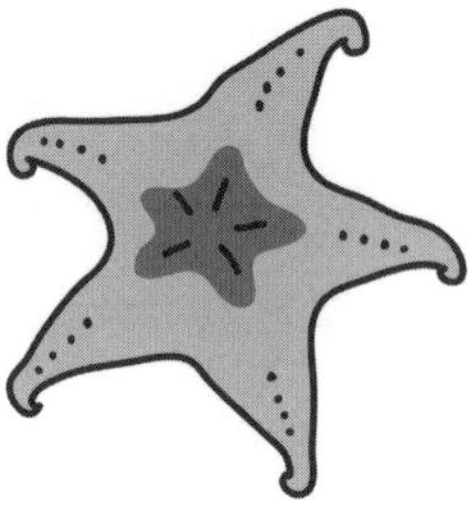

んぼ

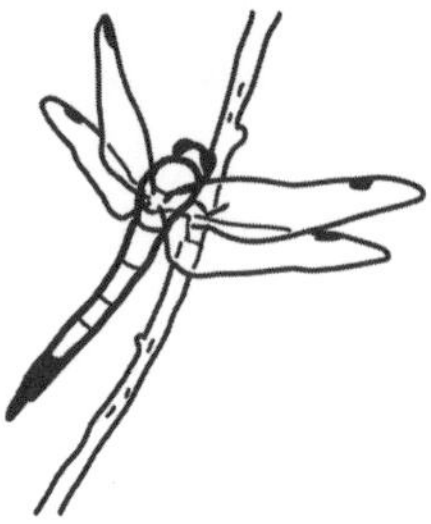

とで

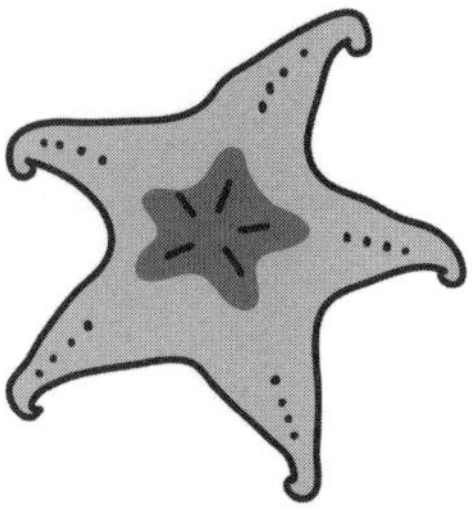

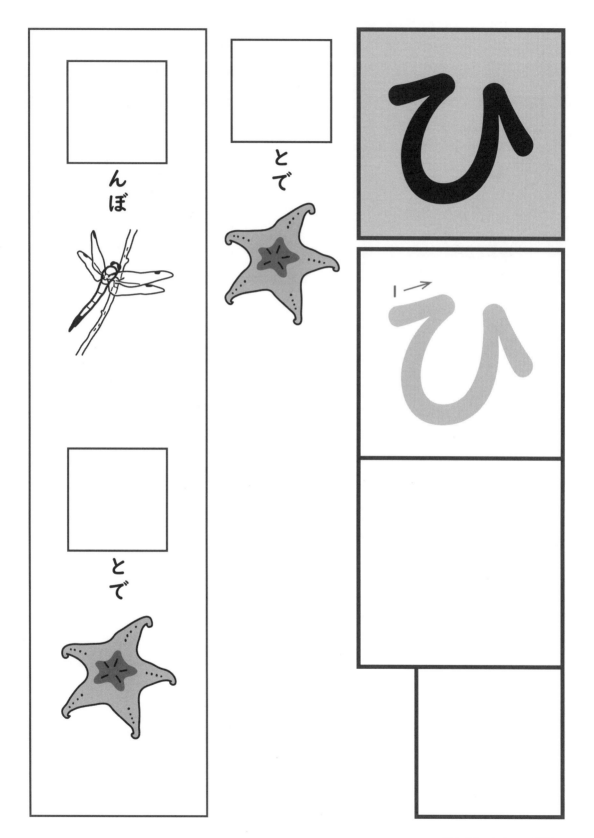

お　く　ん

 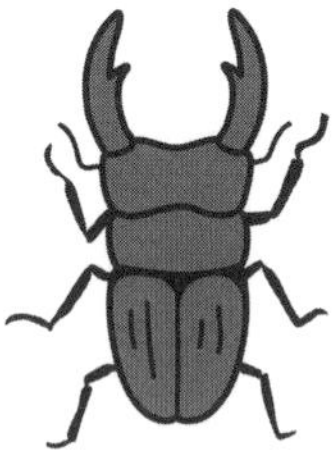 

こ　し　す

□んぼ

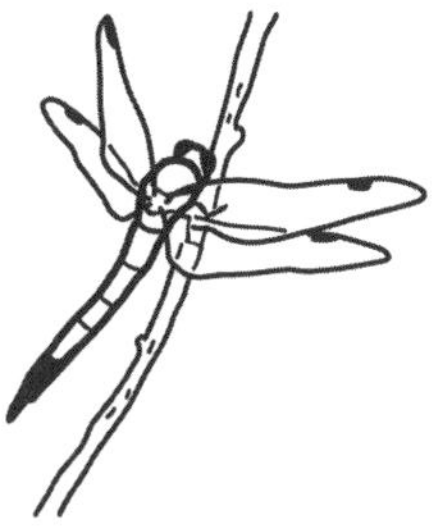

□とで

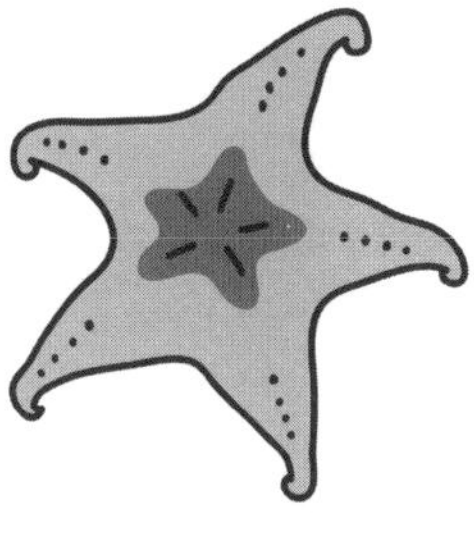

その10

なまえ

え
び

に
んじん

え

に

に

え

え

び

に

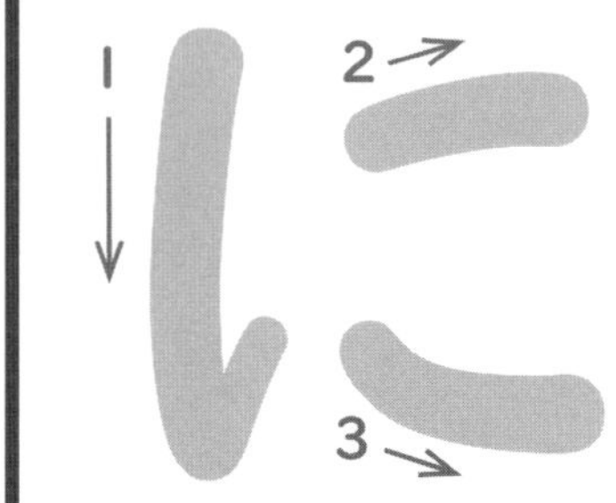

んじん

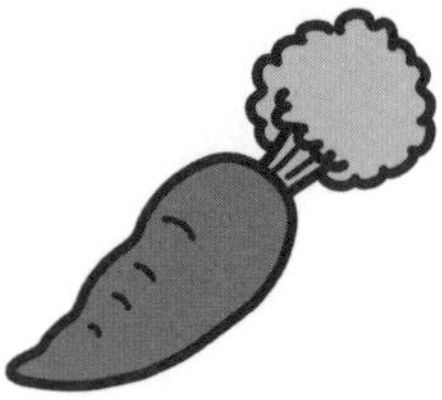

び

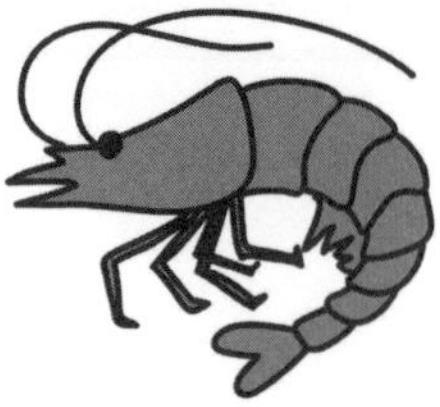

んじん

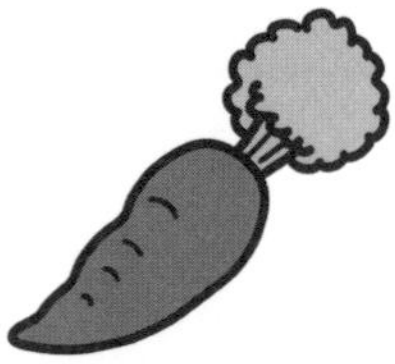

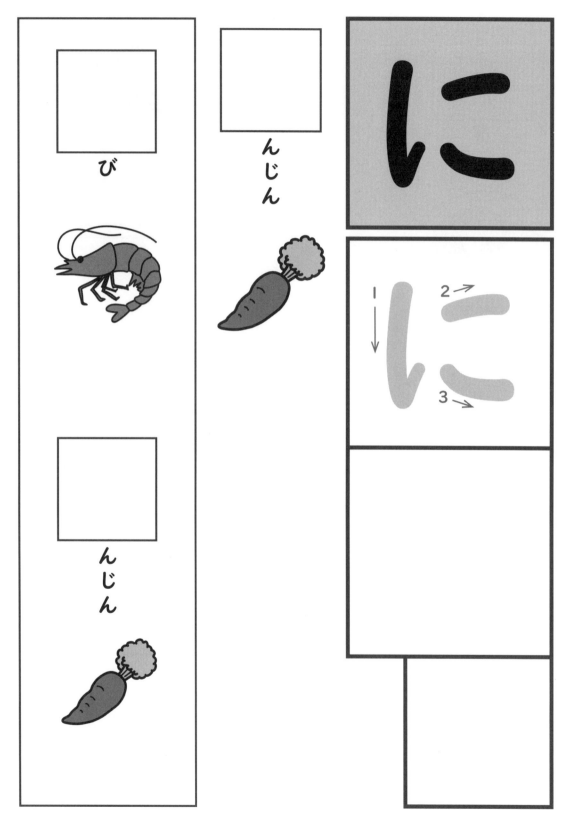

お と ん

こ し ひ

び

んじん

その11

なまえ

る

びい

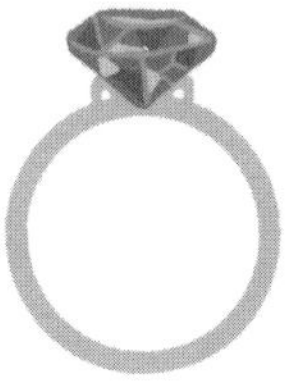

さ

い

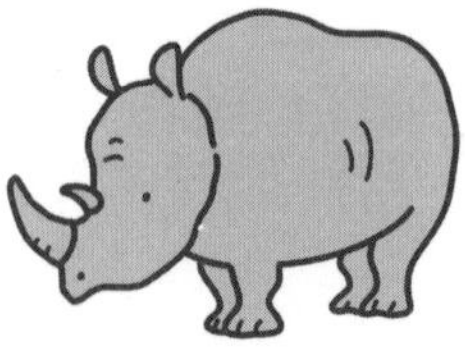

さ

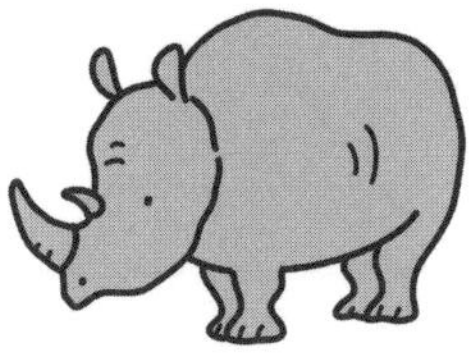

さ

る

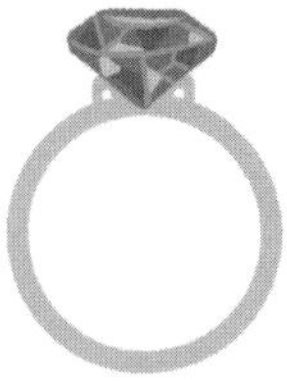

る

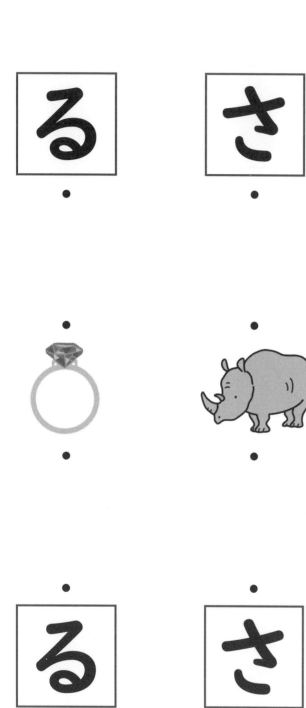

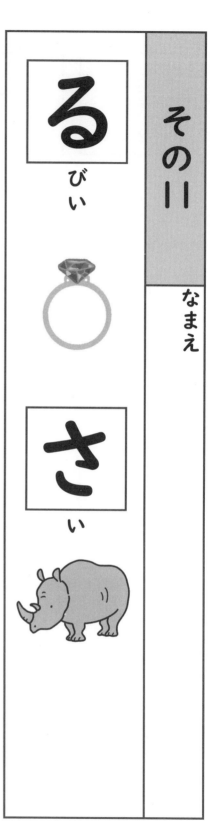

る

1

る

びい

さ

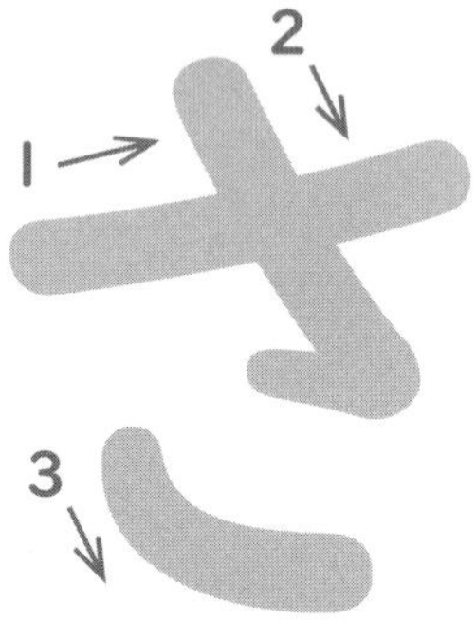

い

びい

い

お と え

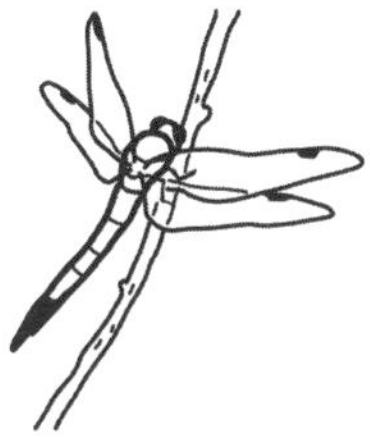

に し ひ

びい

い

その12

なまえ

か

め

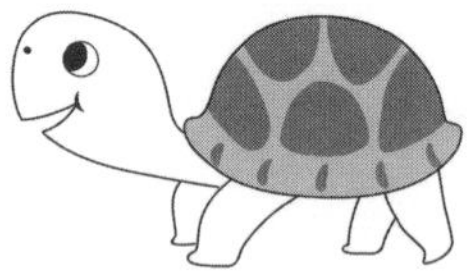

も

も

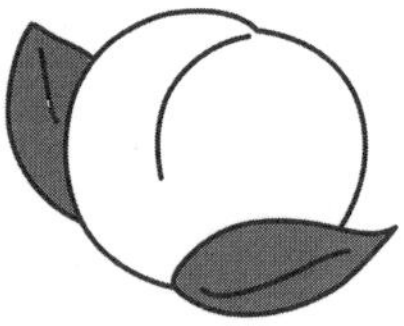

か

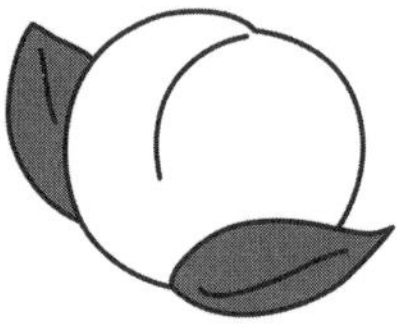

か

も

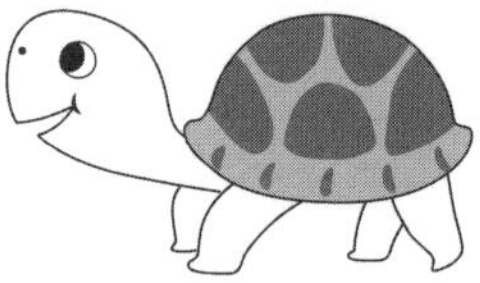

も

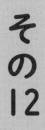

か

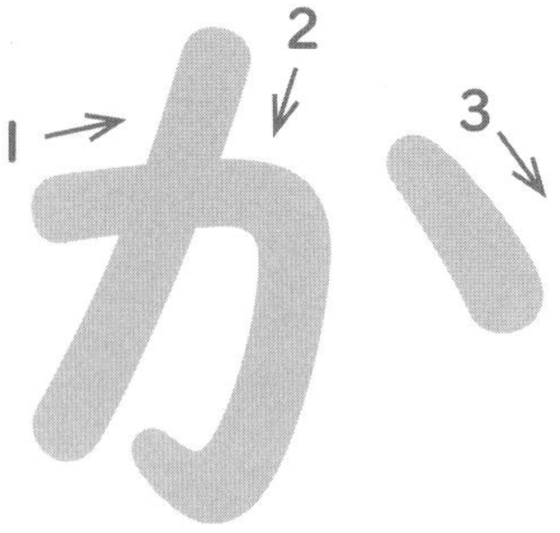

め

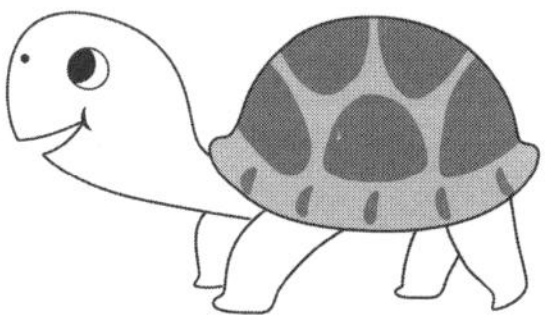

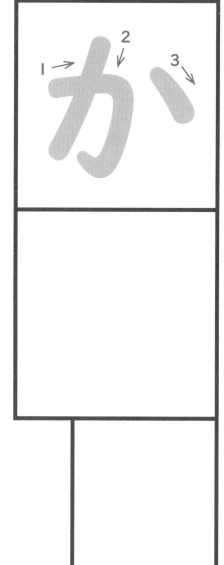

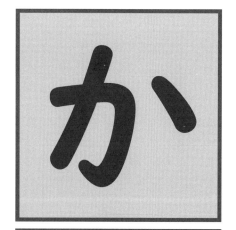

も

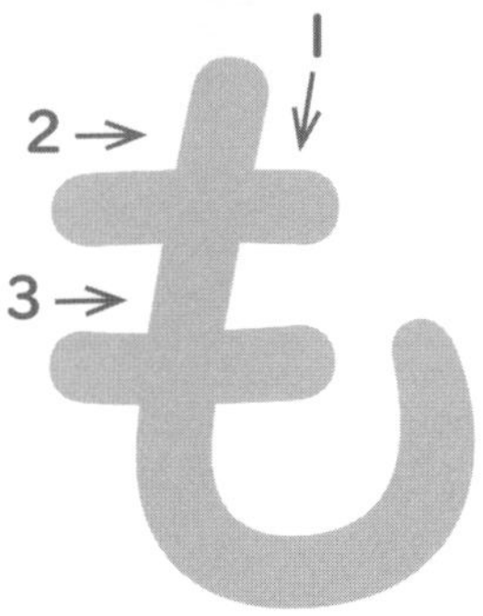

め

も

も

る　と　え

め

に　さ　ひ

も

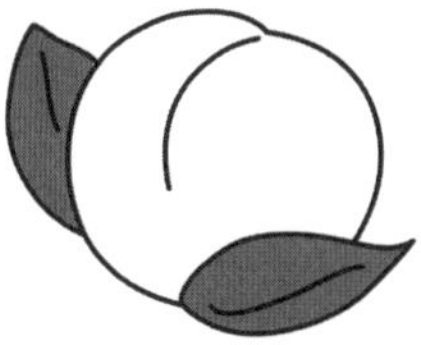

その13

なまえ

ち
くわ

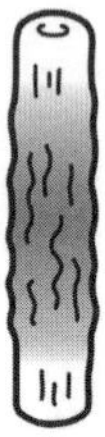

み
かん

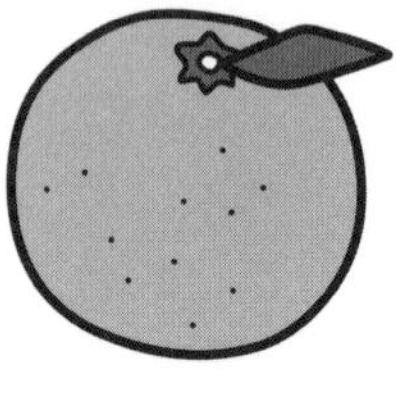

ち

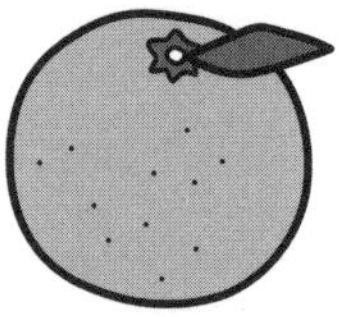

み

み

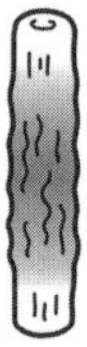

ち

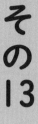

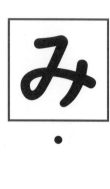

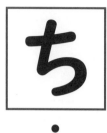

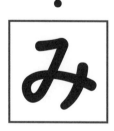

ち

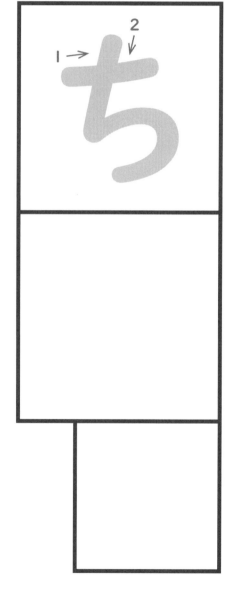

2
1 ち

くわ

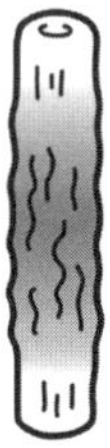

み

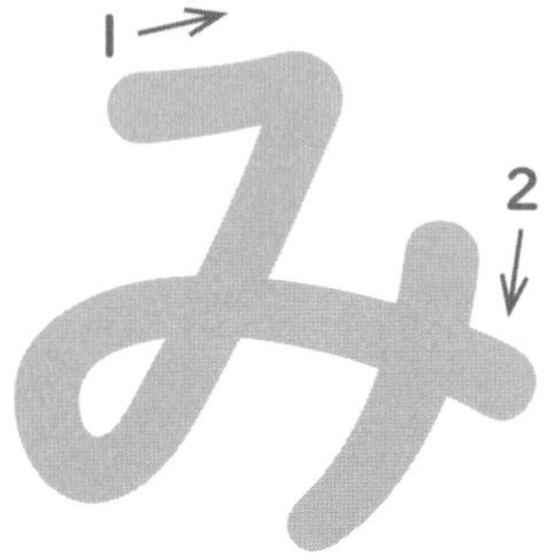

かん

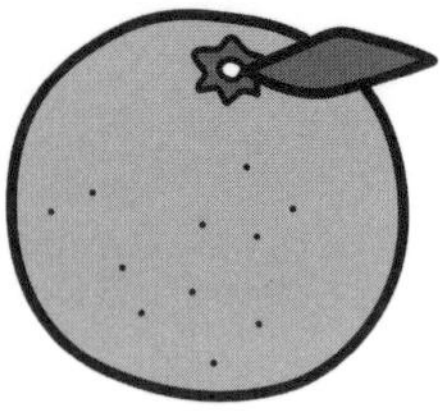

くわ

かん

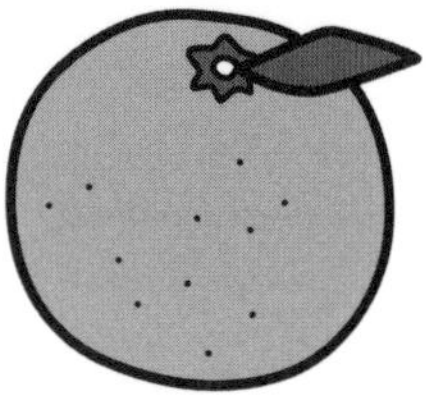

る　も　え

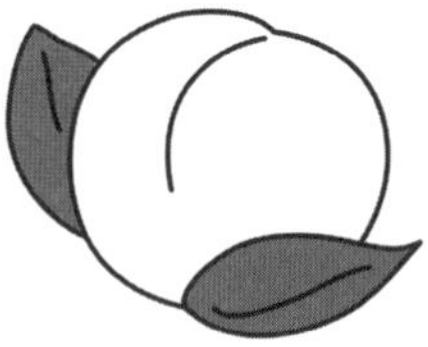

に　さ　か

くわ

かん

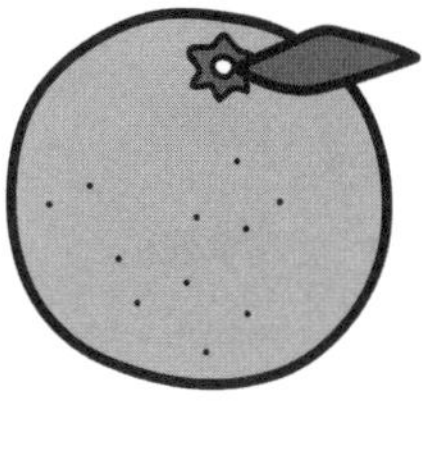

その14

なまえ

ま
め

た
こ

ま

ま

た

た

ま

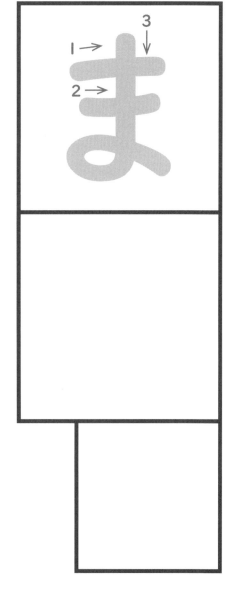

1 2 3

ま

め

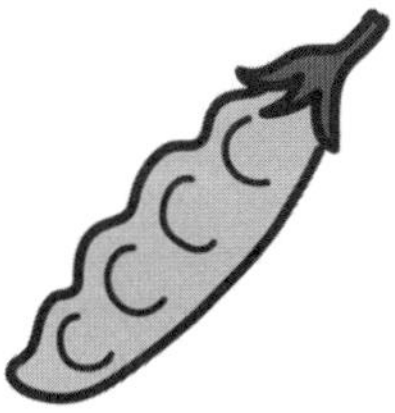

た

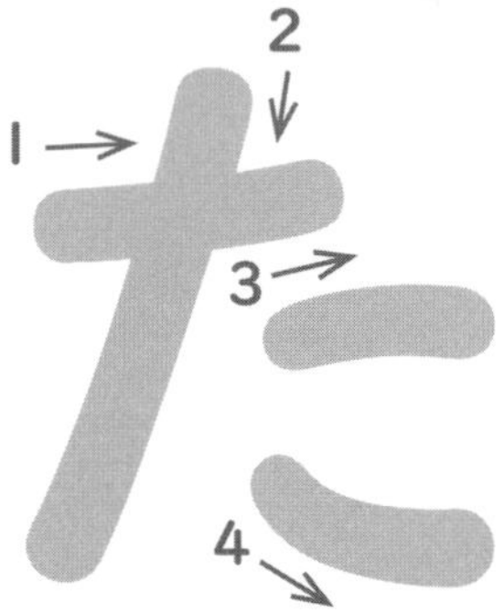

こ

め

こ

る　も　み

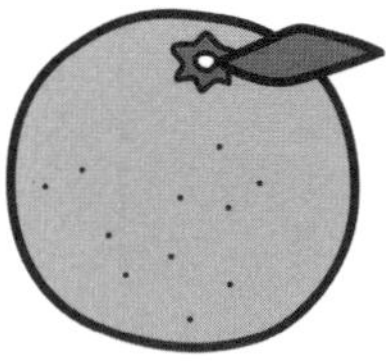
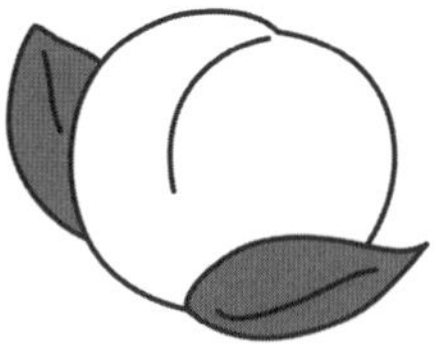
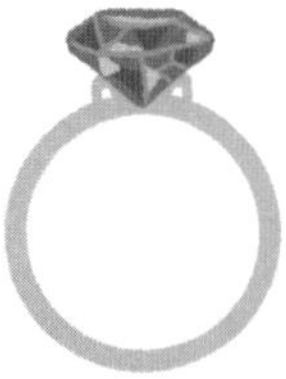

ち　さ　か

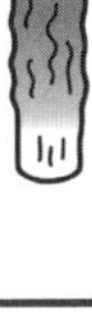
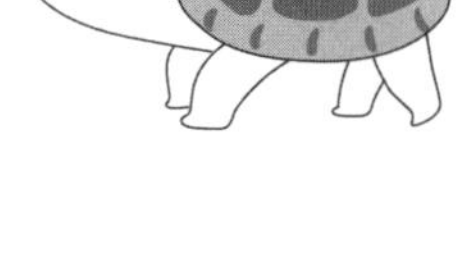
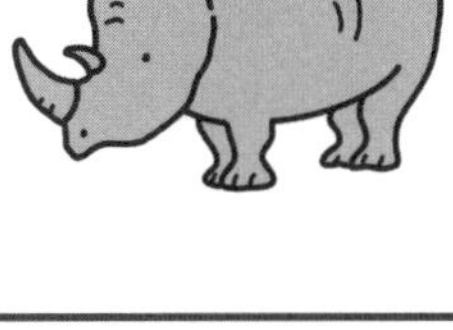

め

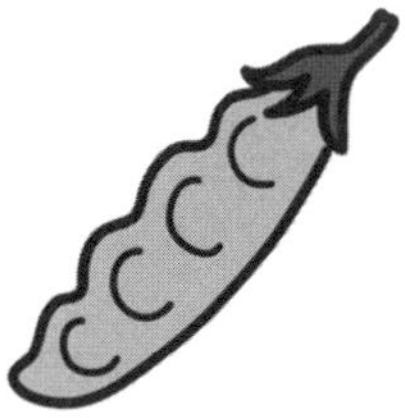

こ

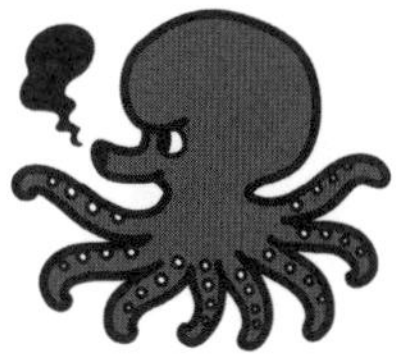

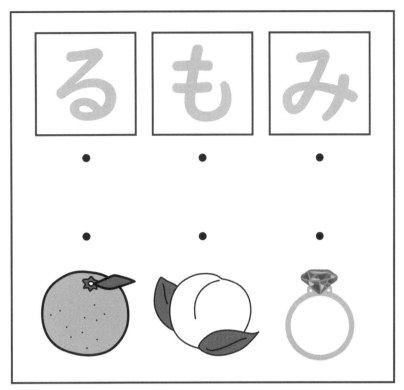

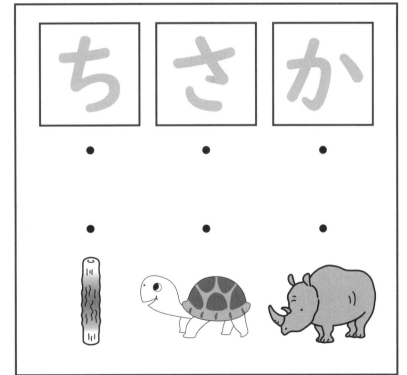

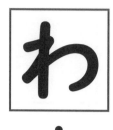

その15

なまえ

わに

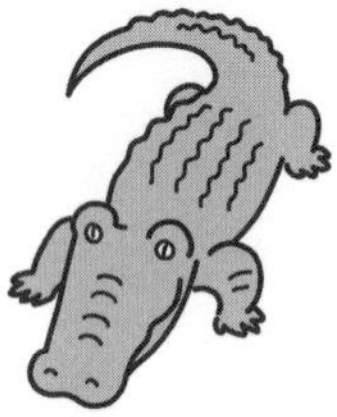

めだま

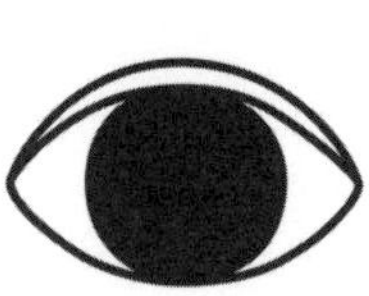

わ

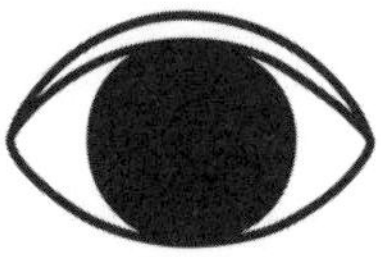

め

め

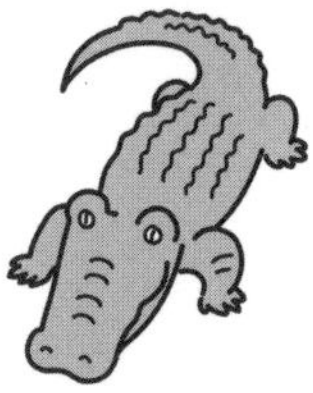

わ

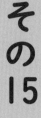

わ

1
2
わ

に

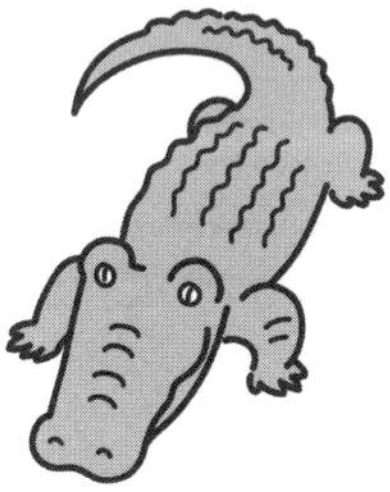

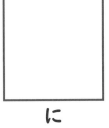

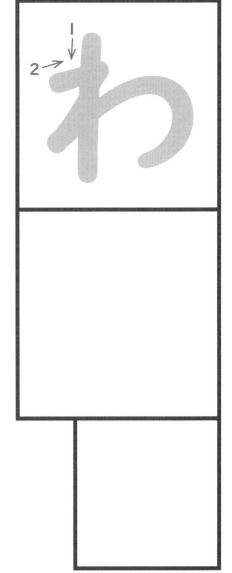

め

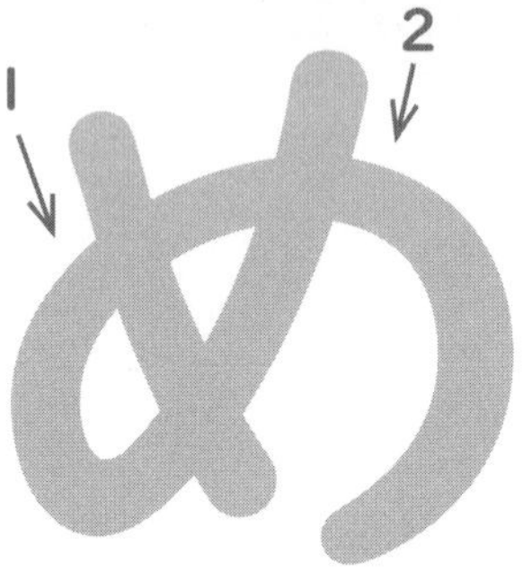

だま

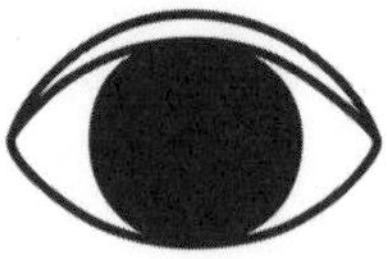

に

だま

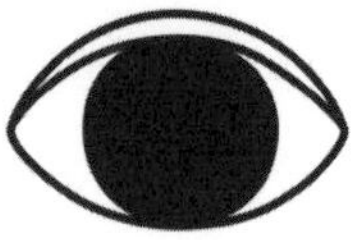

たもみ

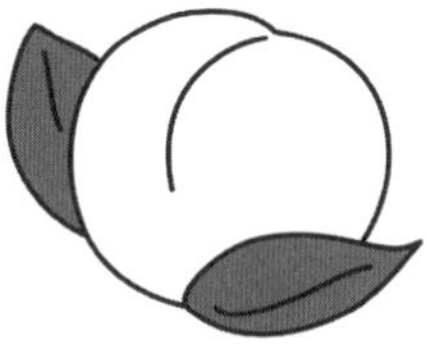

ちまか

に

だま

その16

なまえ

はし

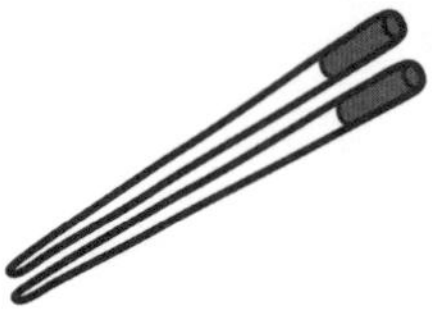

れもん

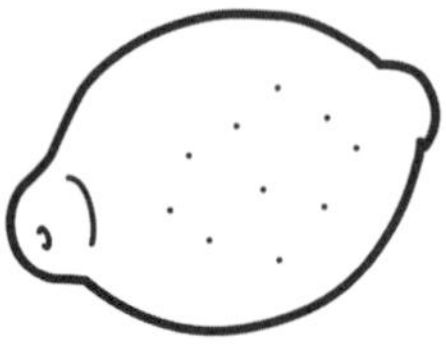

れ

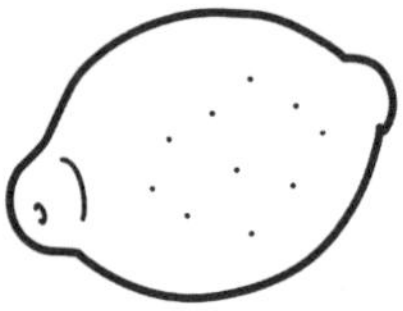

れ

は

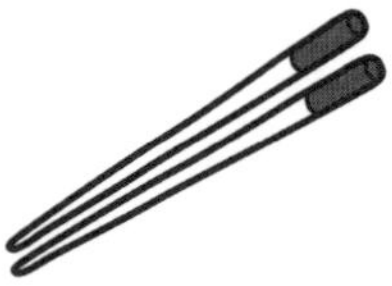

は

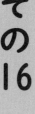

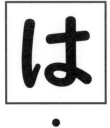

は

は

1 2 3

し

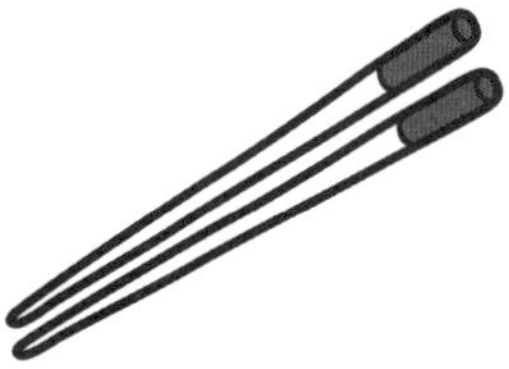

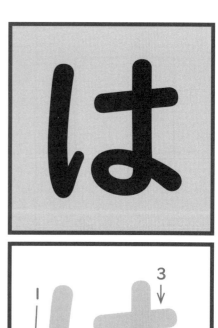

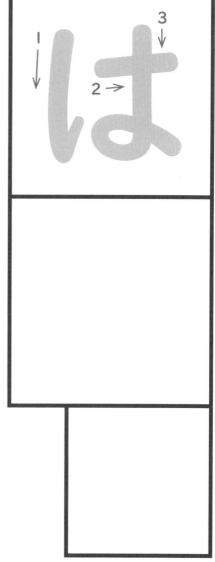

れ

れ

1
2

もん

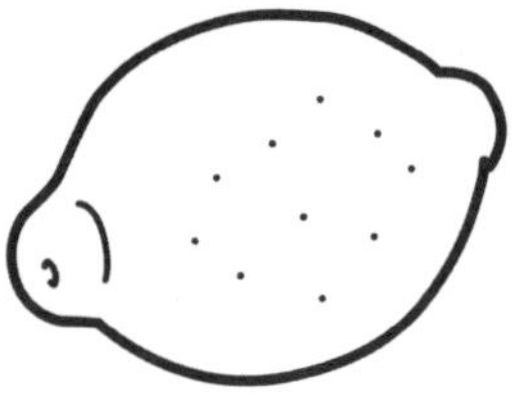

し

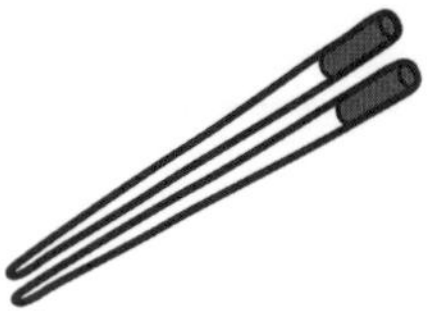

もん

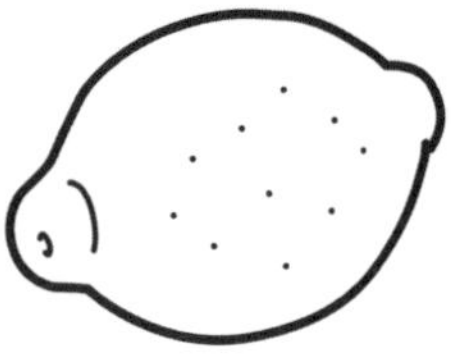

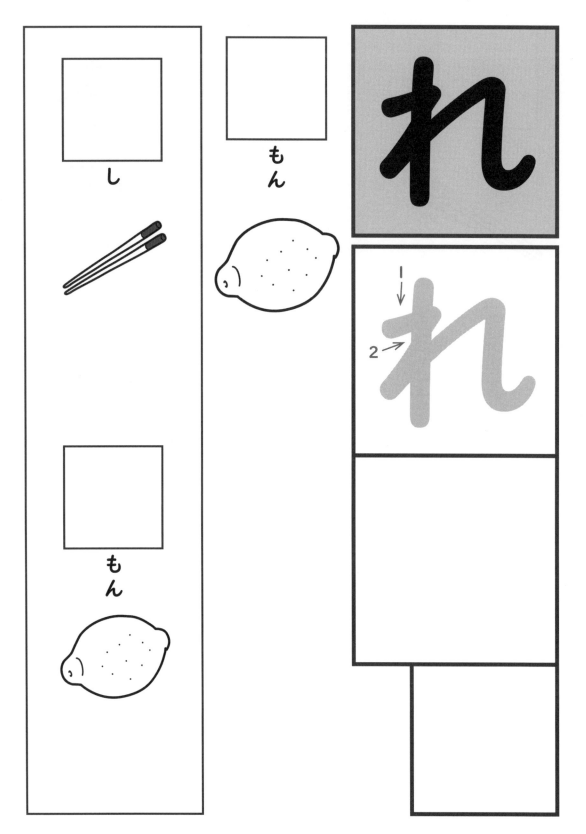

た わ み

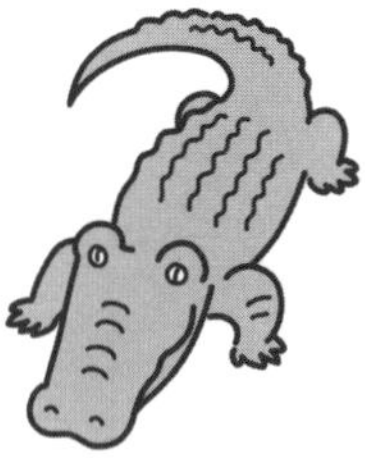 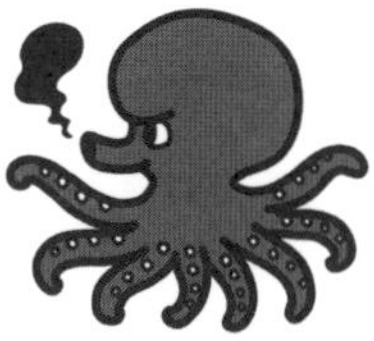 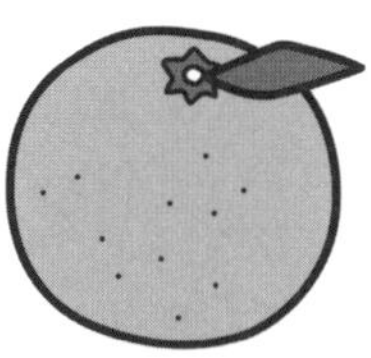

ち ま め

 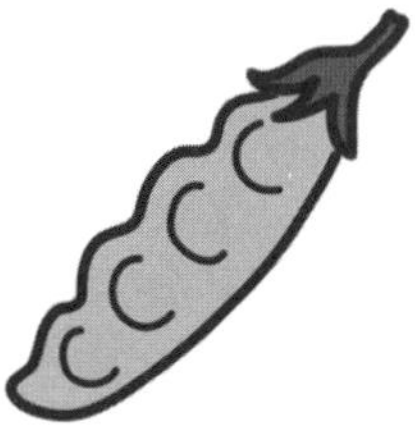 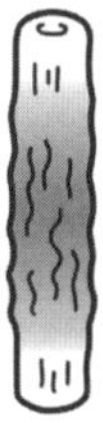

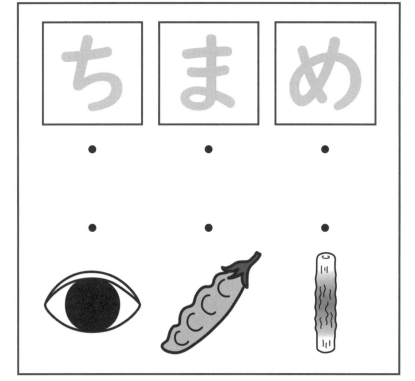

し

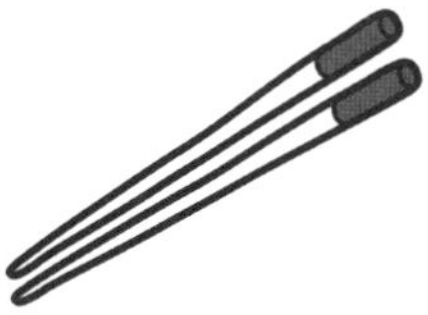

もん

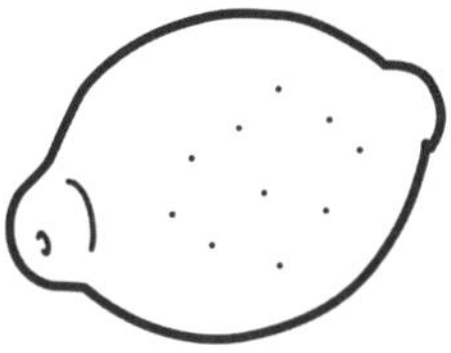

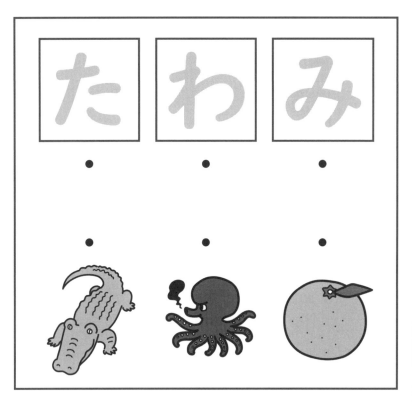

その17

なまえ

き
りん

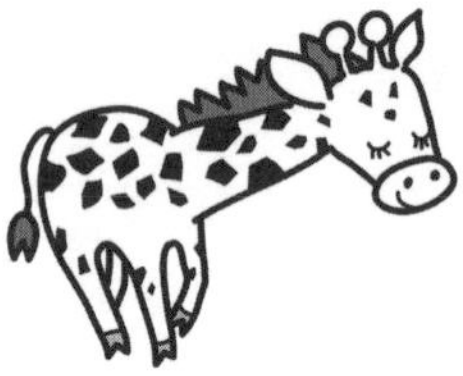

む
し

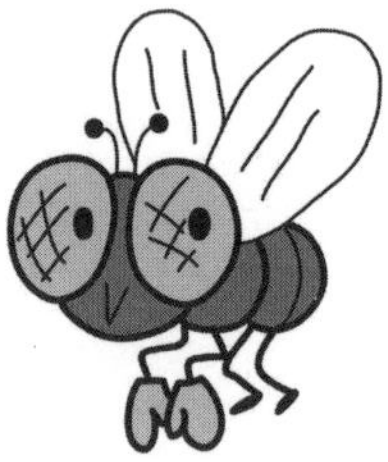

き

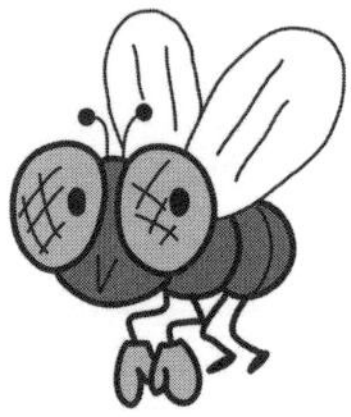

き

む

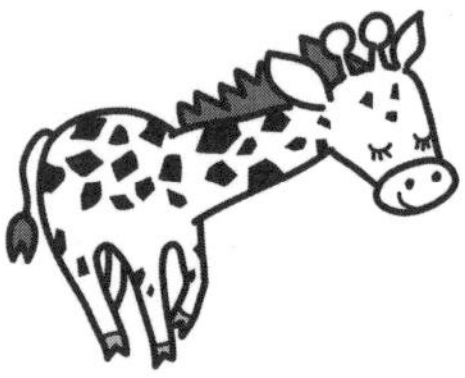

む

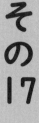

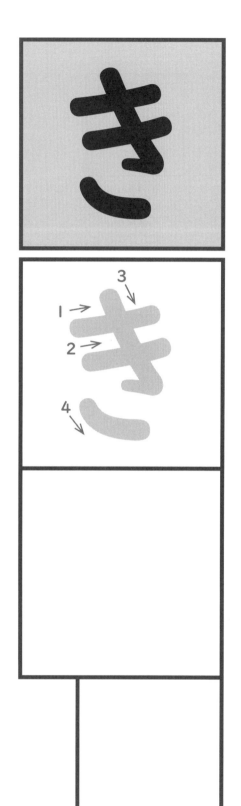

き

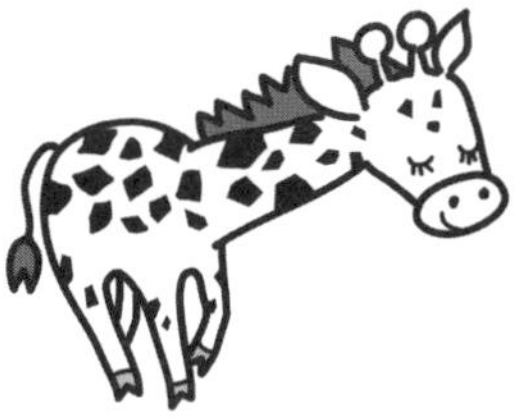

りん

む

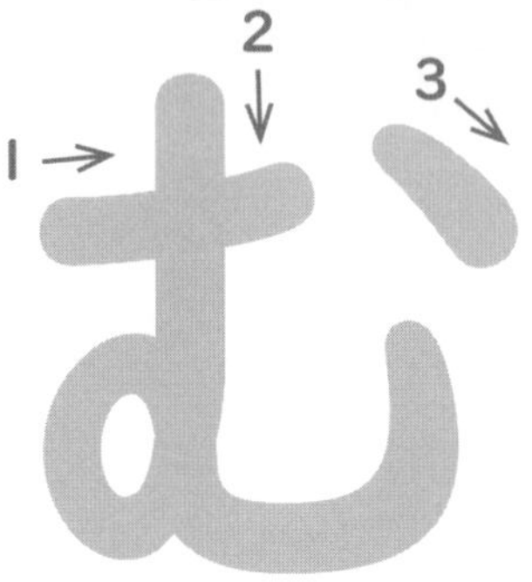

し

りん

し

た　わ　は

れ　ま　め

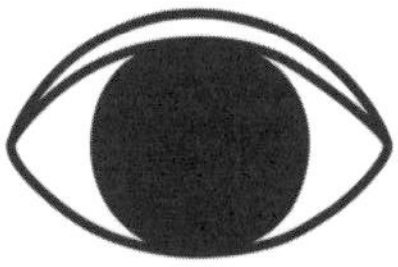
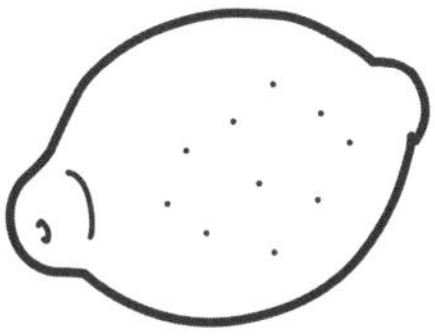

りん

し

その18

なまえ

せ
んろ

ほ
ん

せ

せ

ほ

ほ

せ

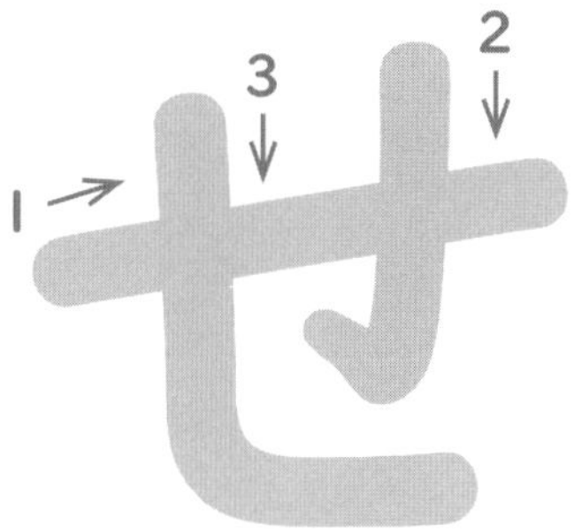

んろ

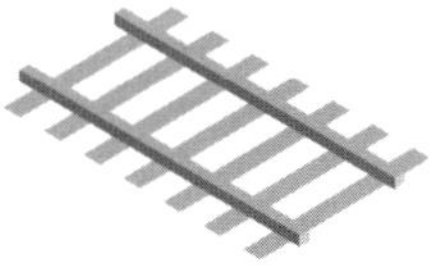

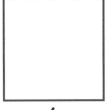

ほ

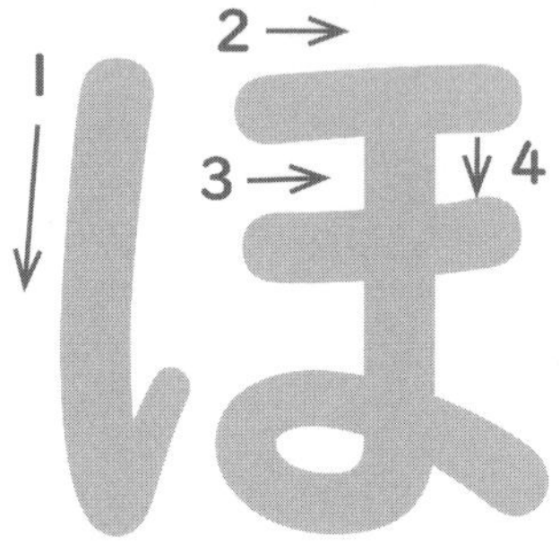

ん

ん
ろ

ん

き　わ　は

れ　む　め

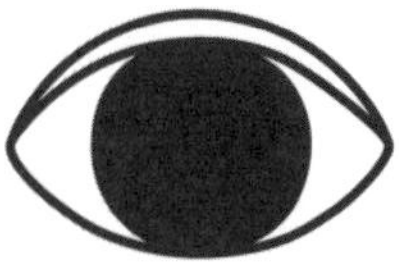
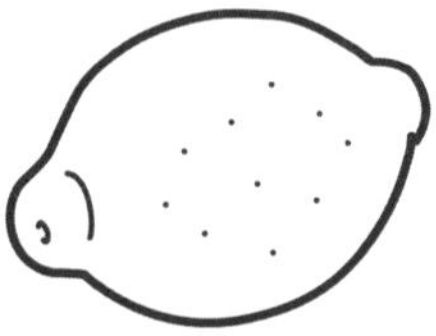

ん
ろ

ん

その19

なまえ

ら
っこ

あ
ひる

ら

あ

あ

ら

ら

1
2
ら

つこ

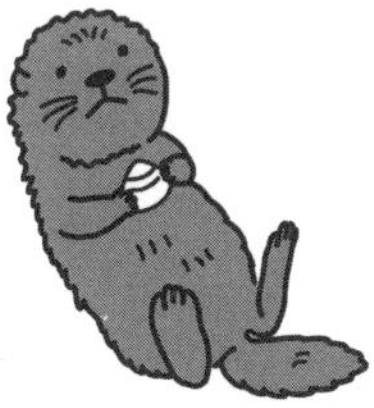

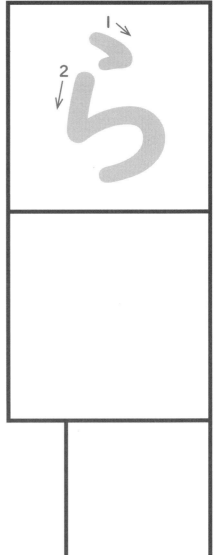

あ

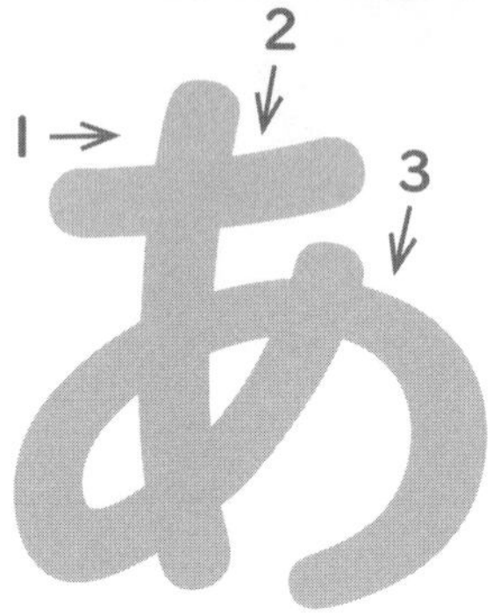

ひる

っこ

ひる

き　せ　は

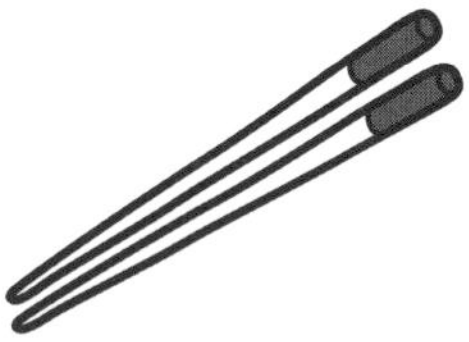 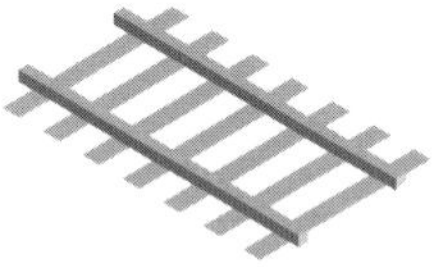 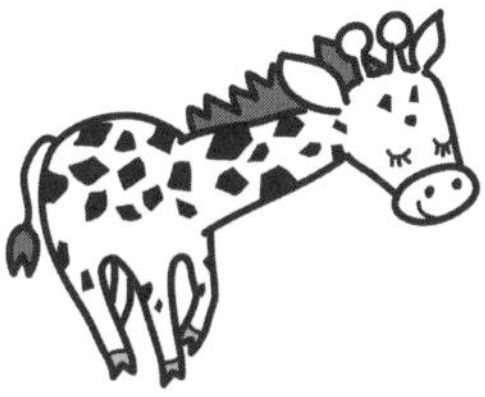

れ　む　ほ

 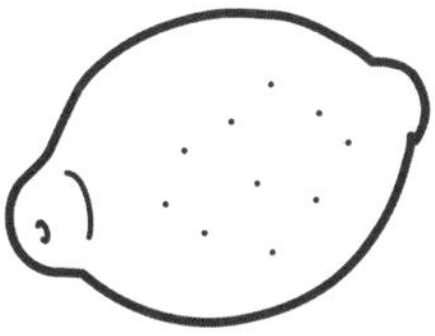 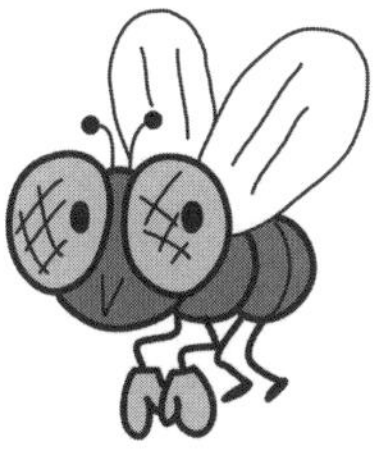

□っこ

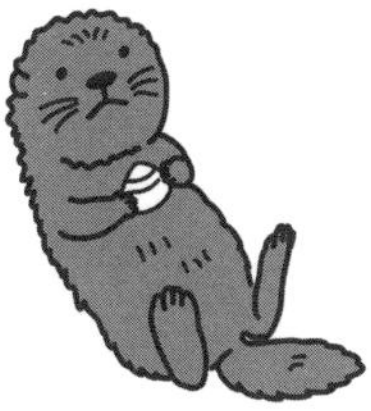

□ひる

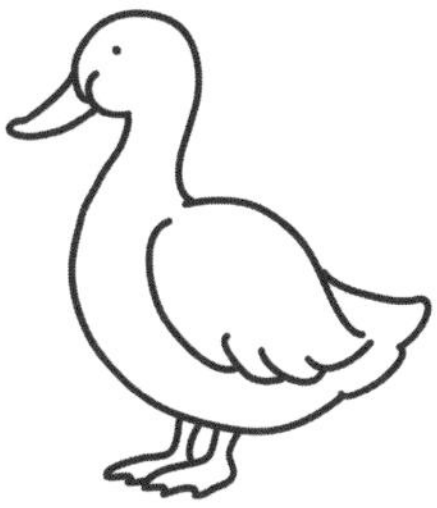

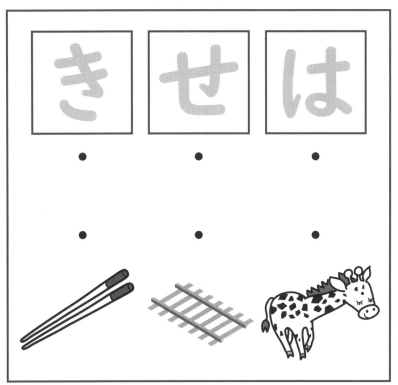

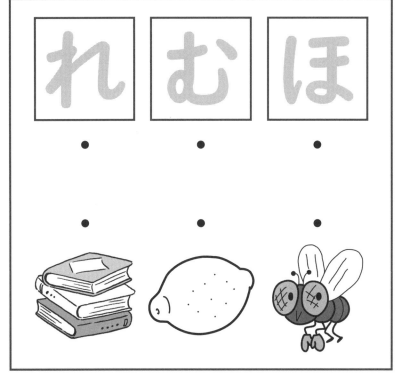

その20

なまえ

や

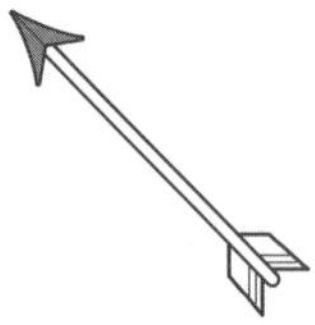

ね

こ

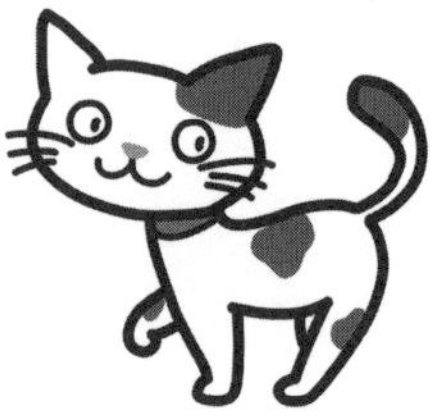

ね

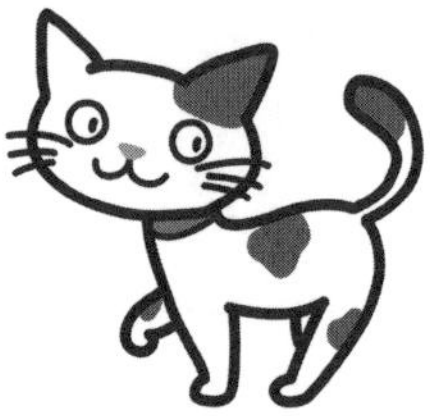

ね

や

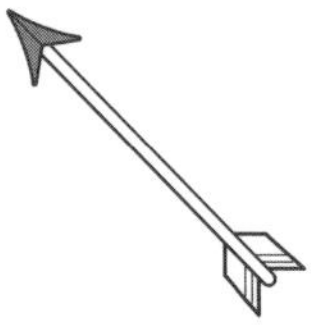

や

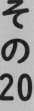

や

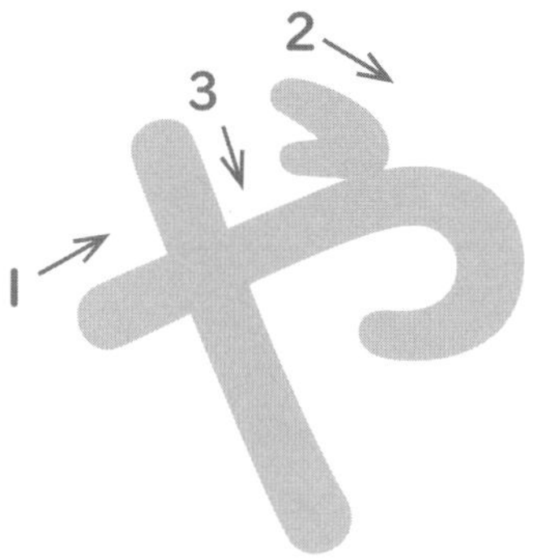

ね

1
2
ね

こ

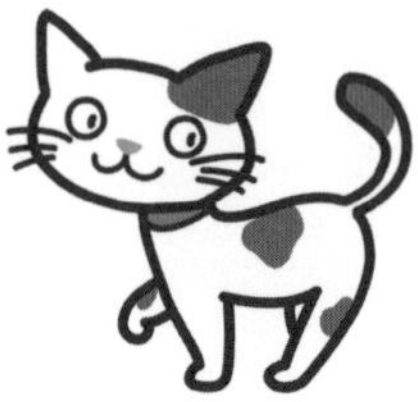

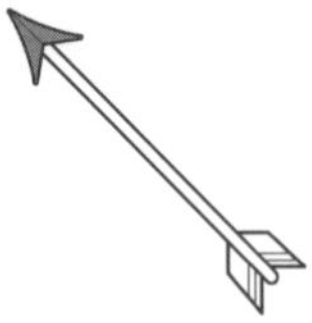

こ

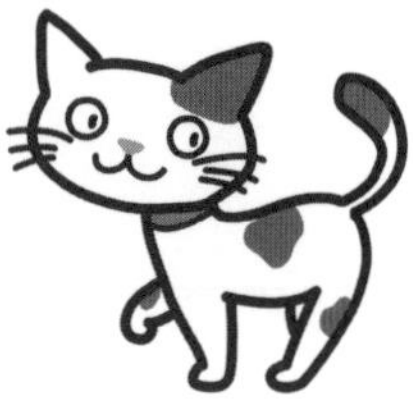

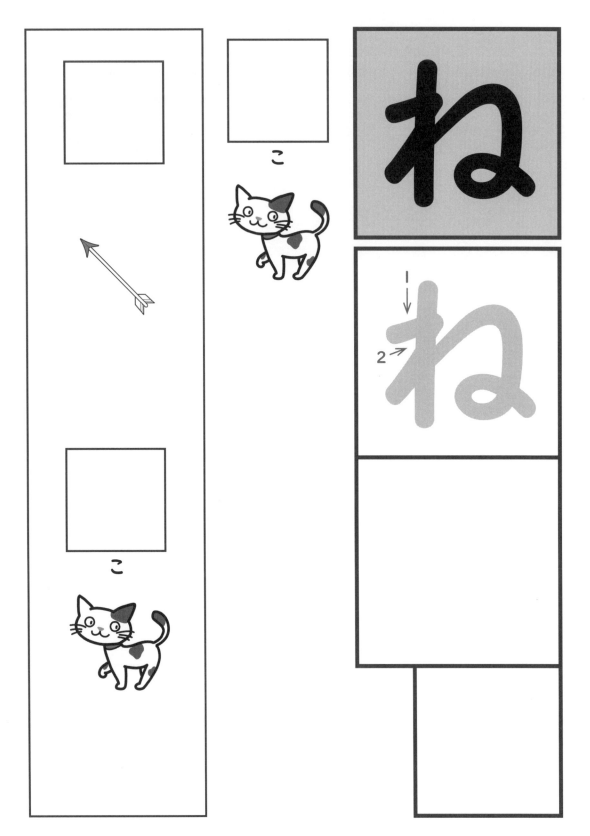

き　せ　ら

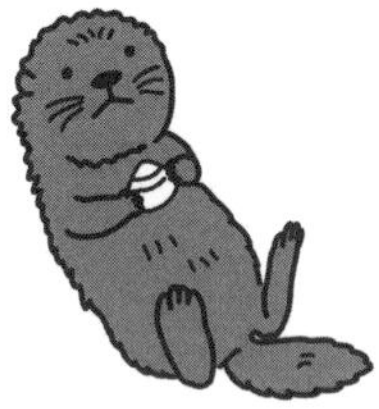
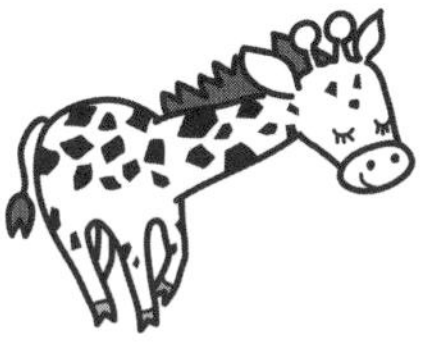
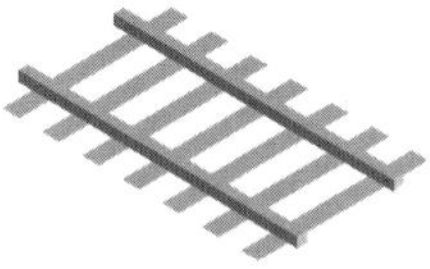

あ　む　ほ

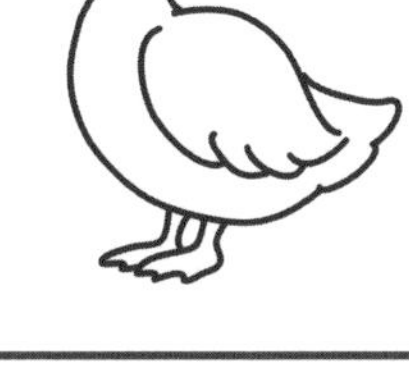

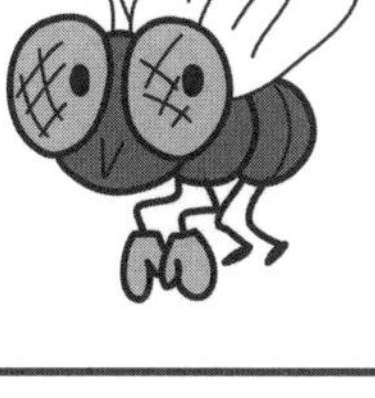

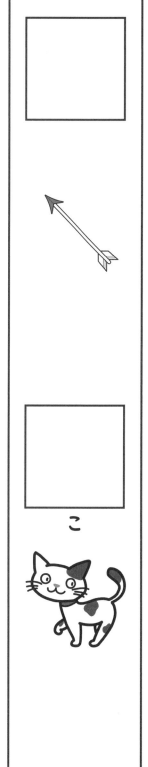

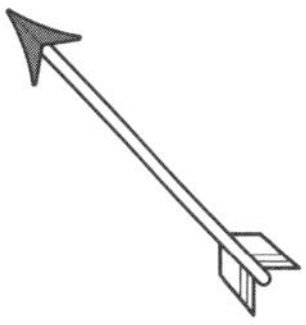

こ

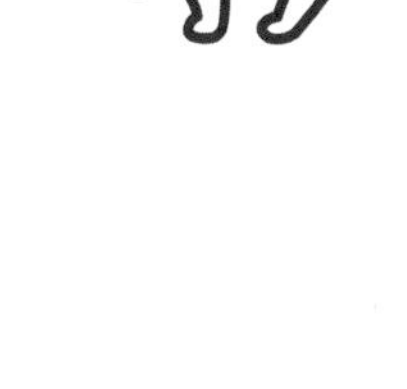

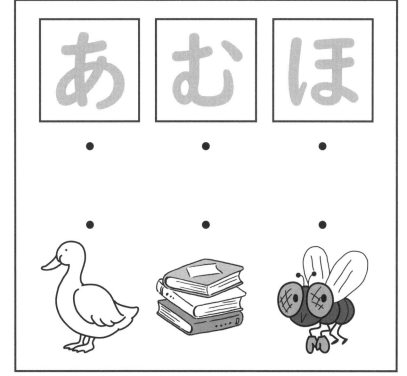

その21

なまえ

ふうせん

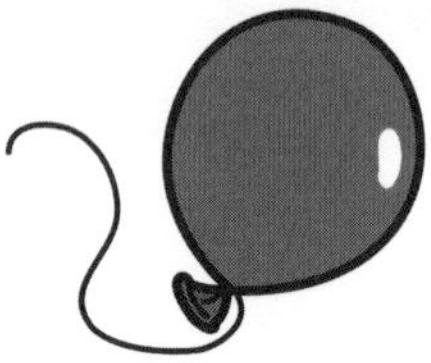

なす

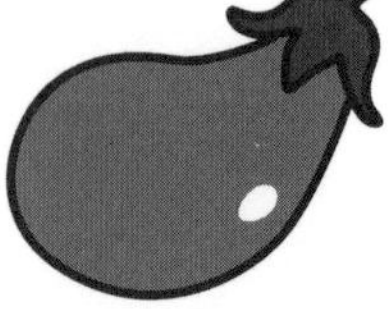

ふ

・

・

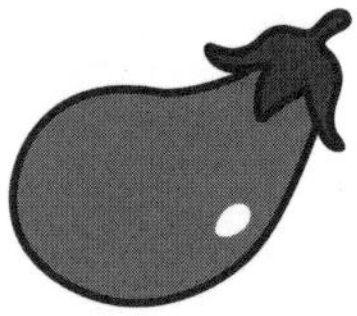

・

・

ふ

な

・

・

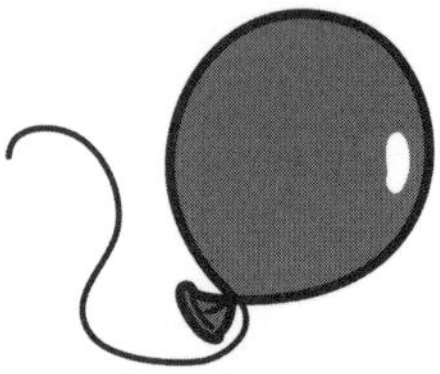

・

・

な

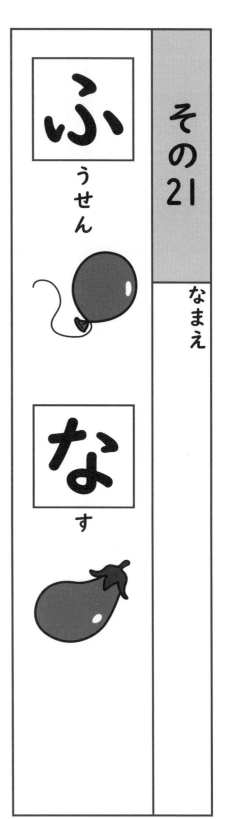

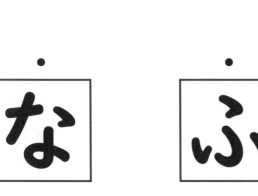

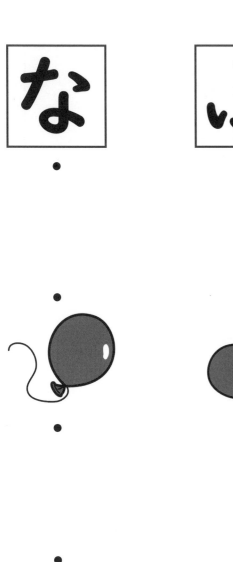

ふ

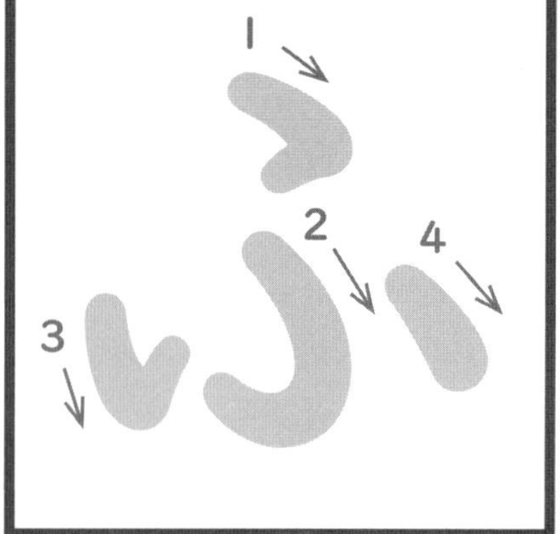

うせん

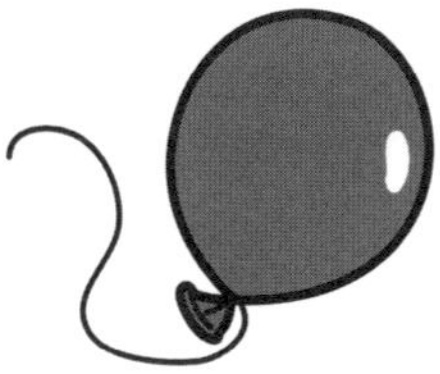

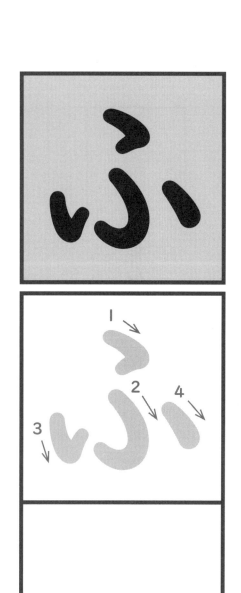

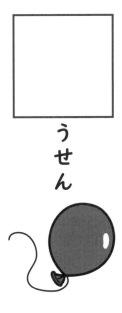

な

1 2 3 4
な

す

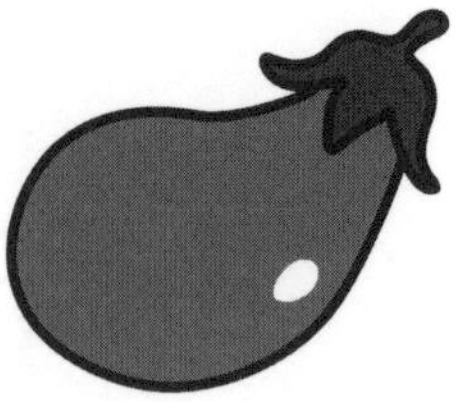

うせん

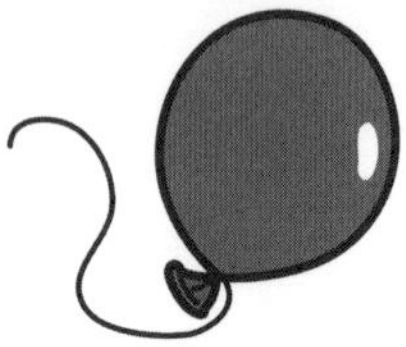

す

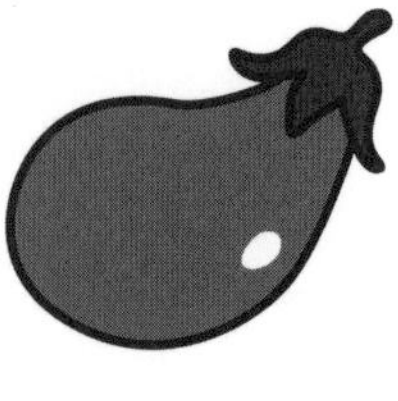

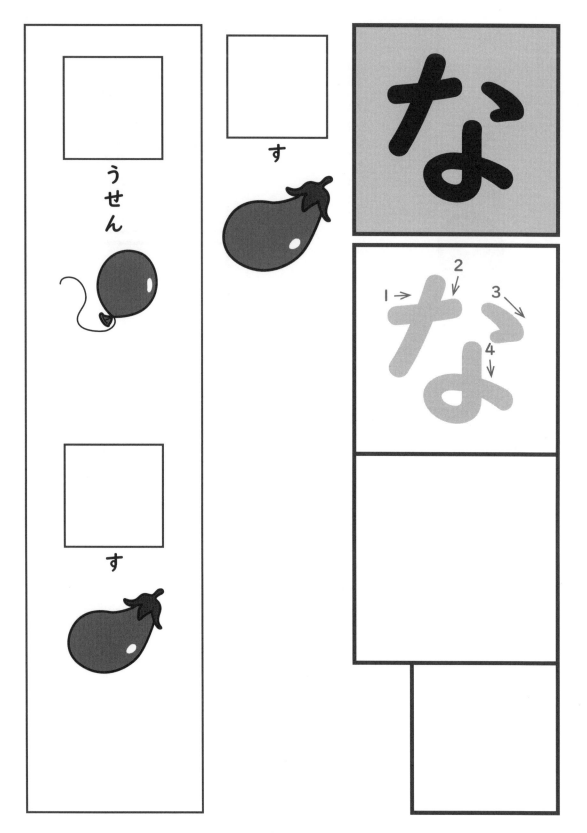

ね せ ら

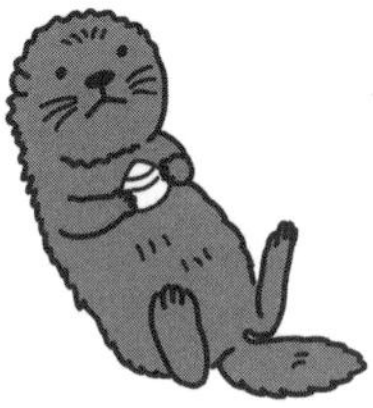 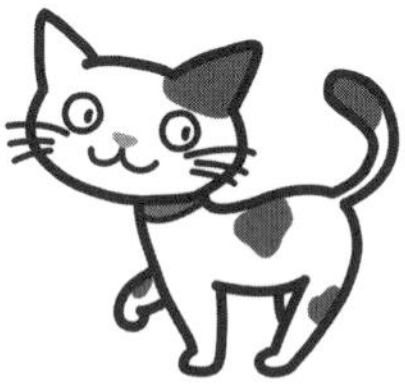 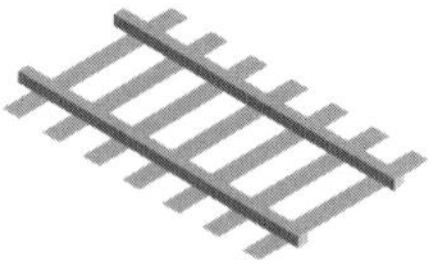

あ や ほ

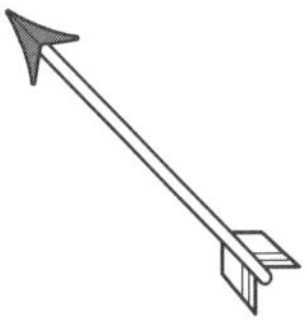  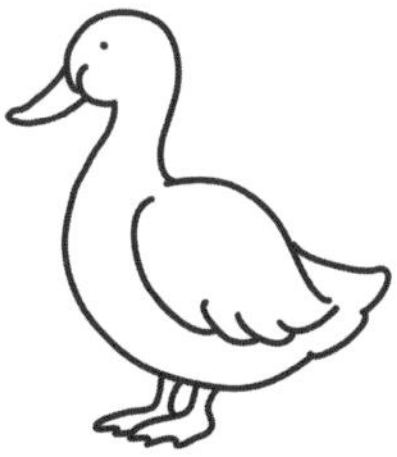

うせん

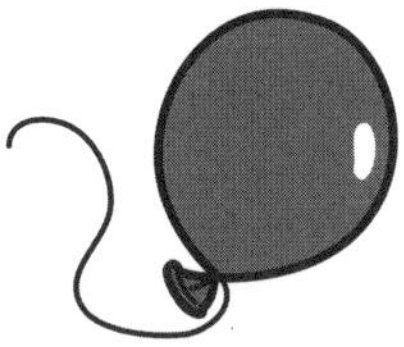

す

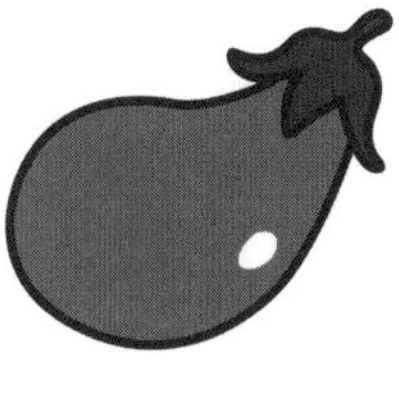

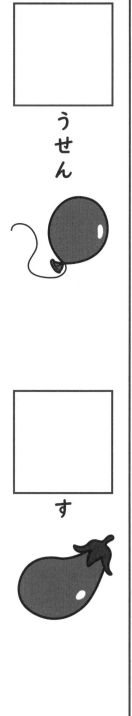

その22

なまえ

ゆ
り

そ
ば

ゆ

そ

そ

ゆ

ゆ

2
1
ゆ

り

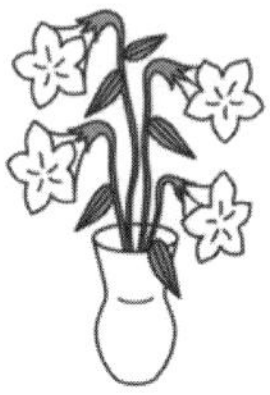

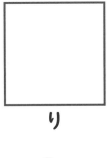

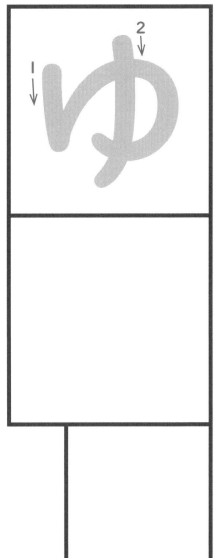

そ

1 →

そ

ば

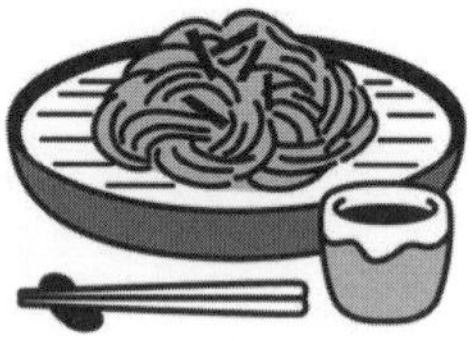

り

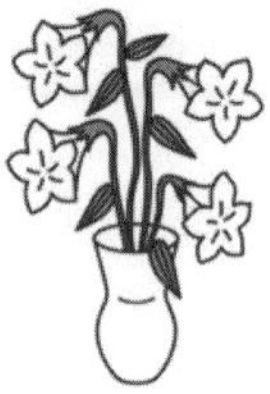

ば

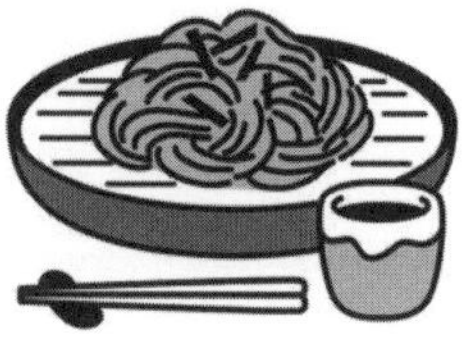

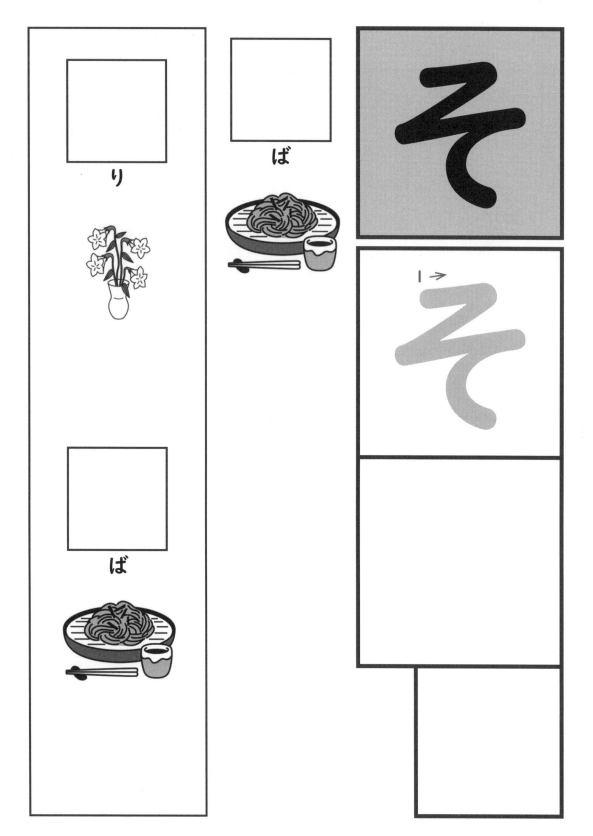

ね　な　ら

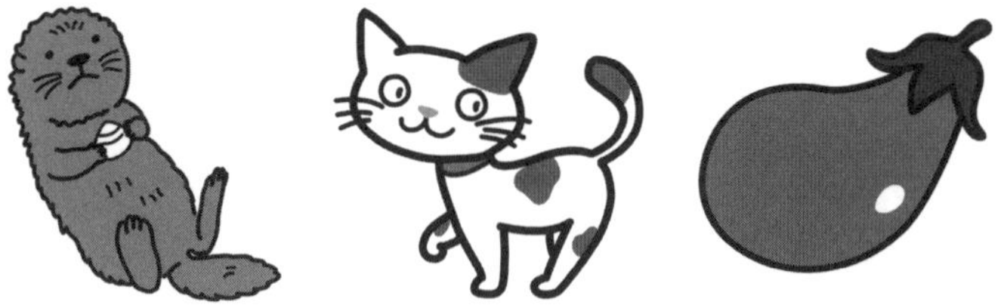

り

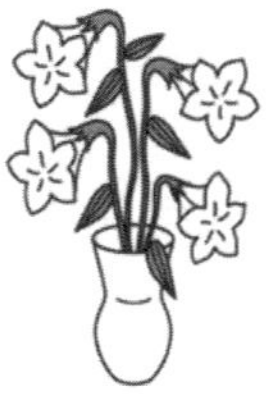

あ　や　ふ

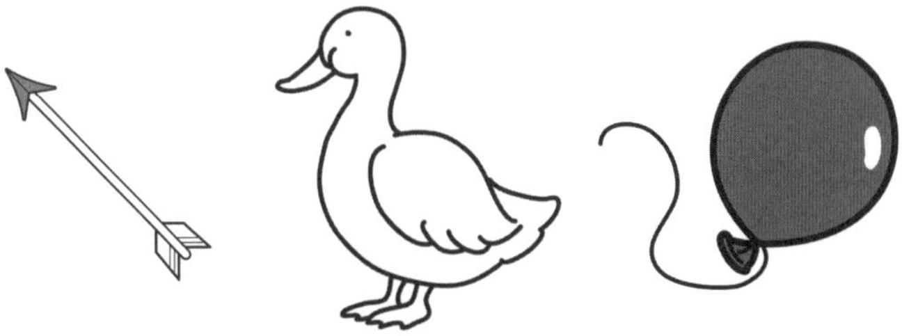

ば

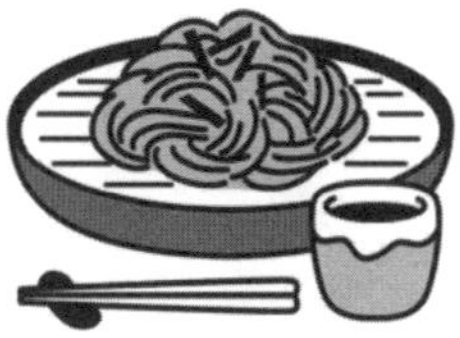

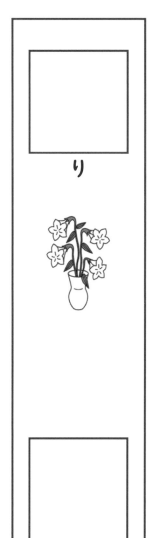

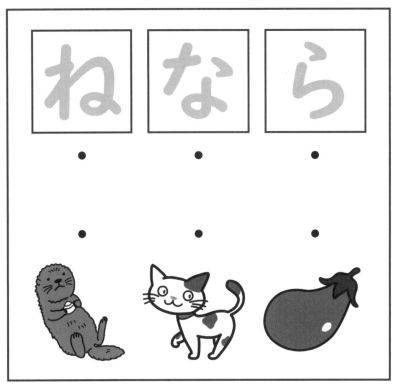

その23

なまえ

ぬ
の

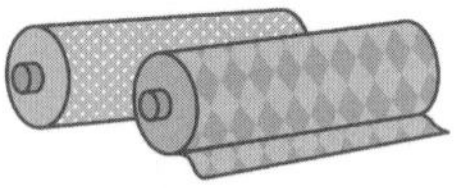

え
を
をかく

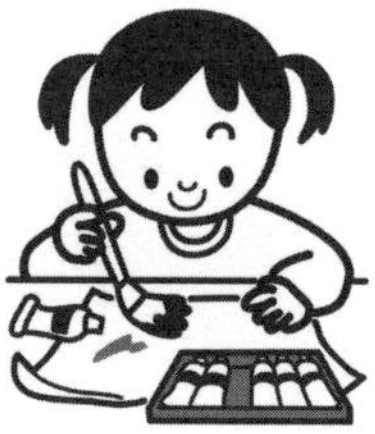

を

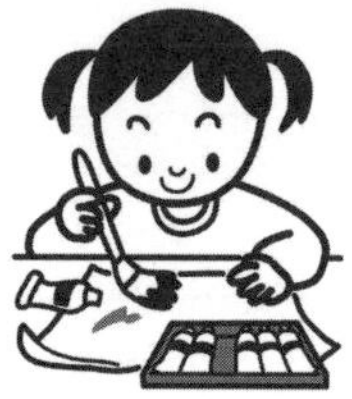

ぬ

ぬ

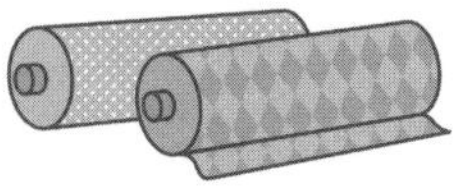

を

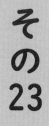

ぬ

1 2
ぬ

の

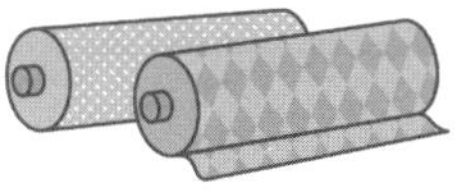

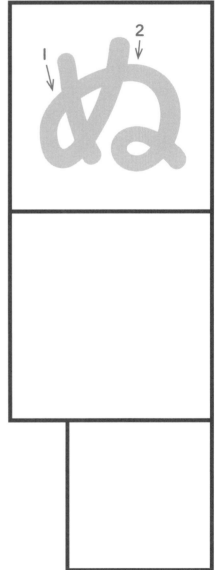

を

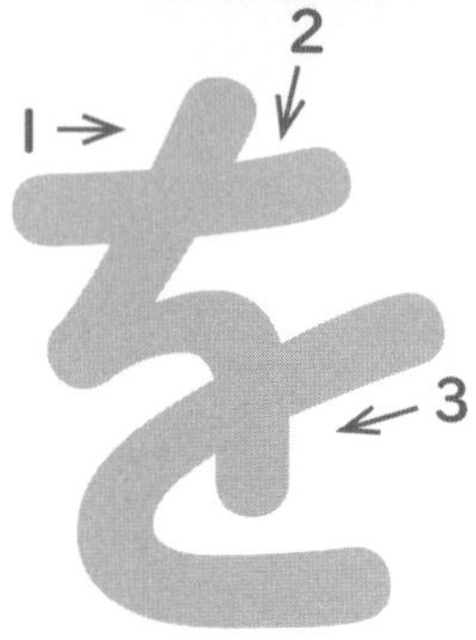

え□をかく

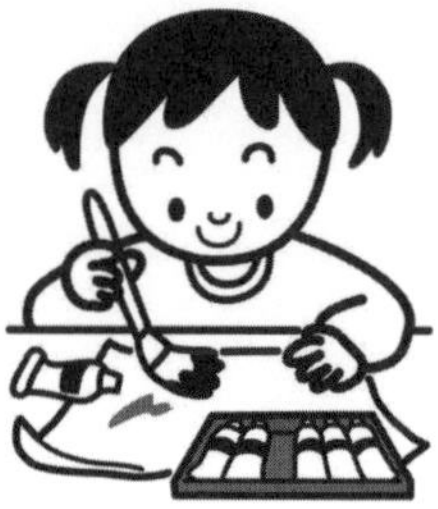

□の

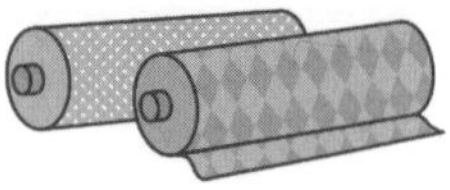

え□をかく

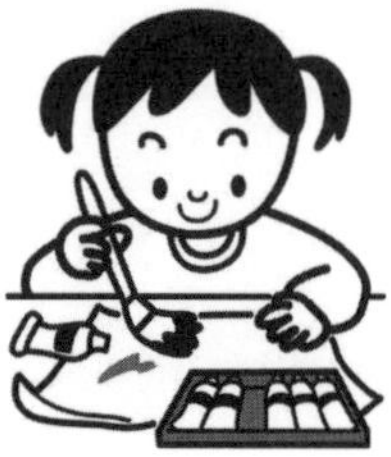

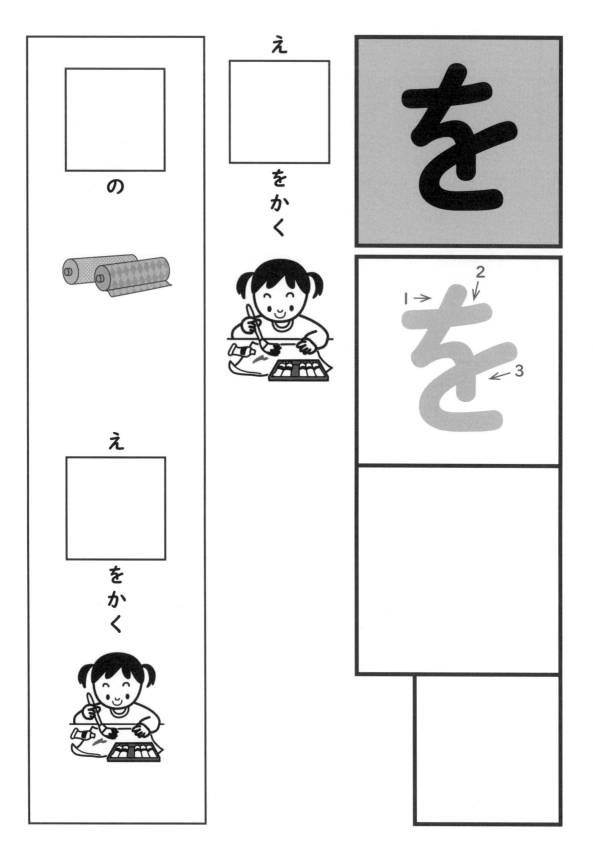

ね な そ

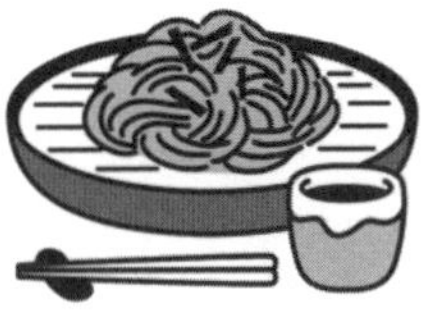
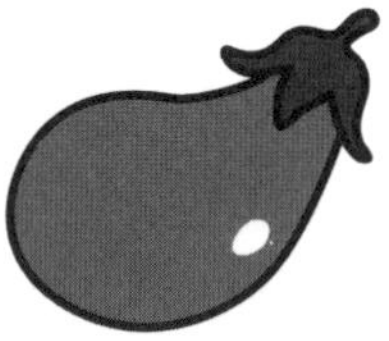
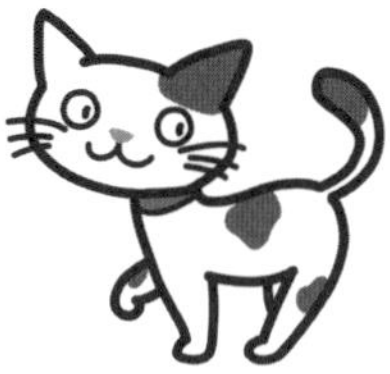

ゆ や ふ

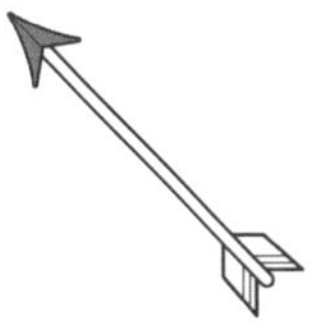
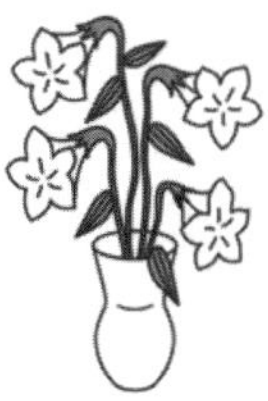
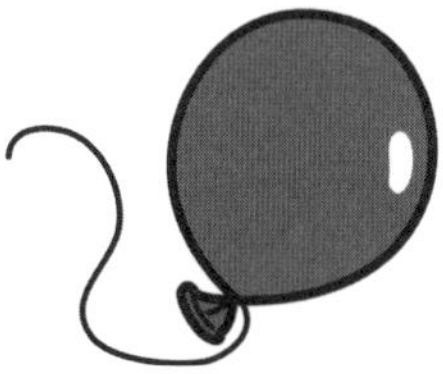

□ の

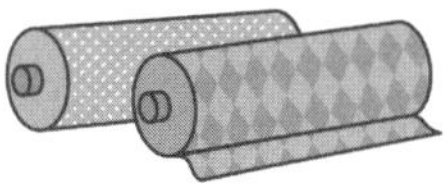

え □ をかく

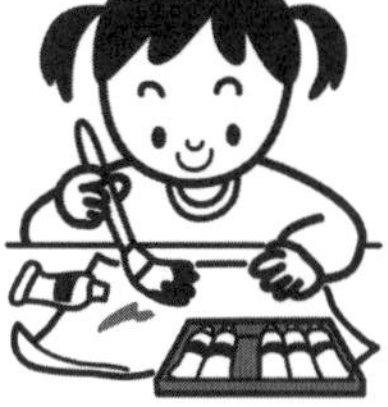

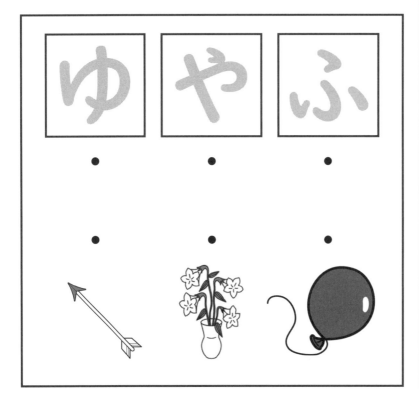

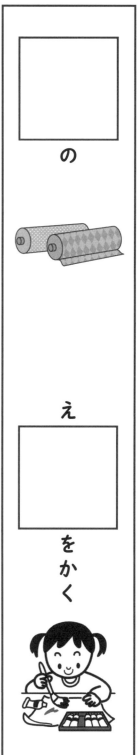

その24

なまえ

がぎぐげご

が

ぎ

いこつ

か

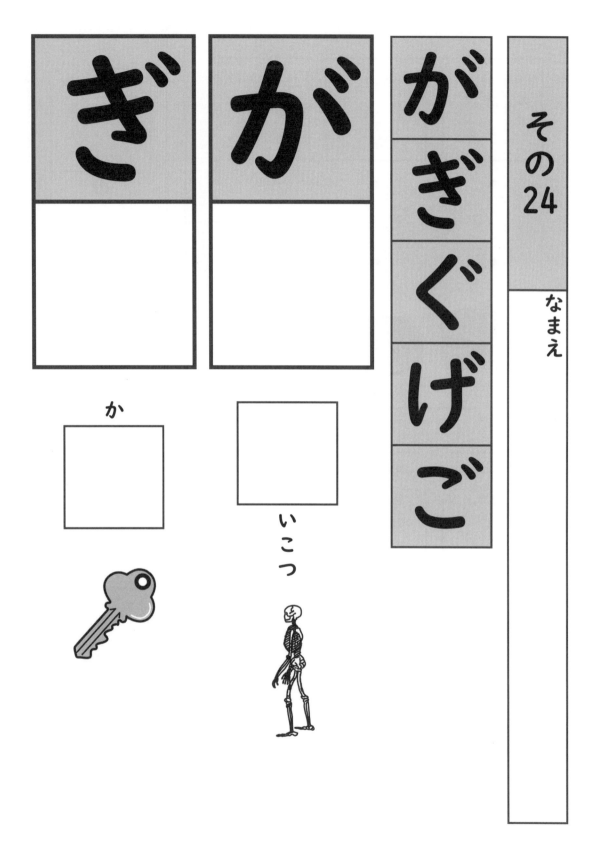

ご

げ

ぐ

み

え
む

え
の

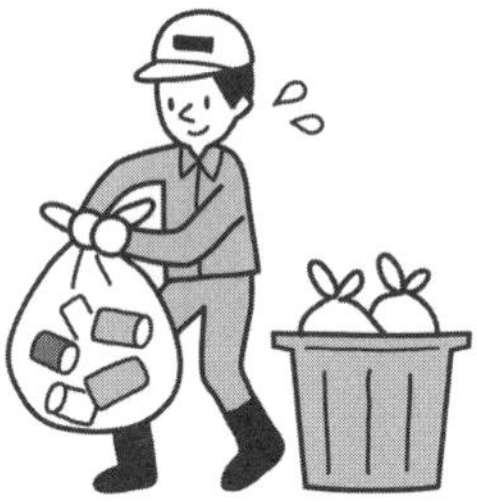

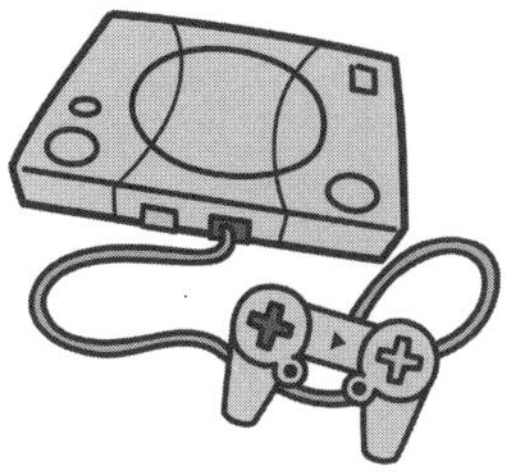

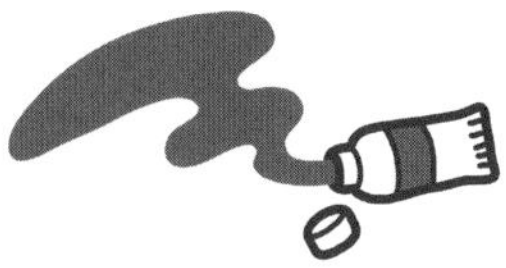

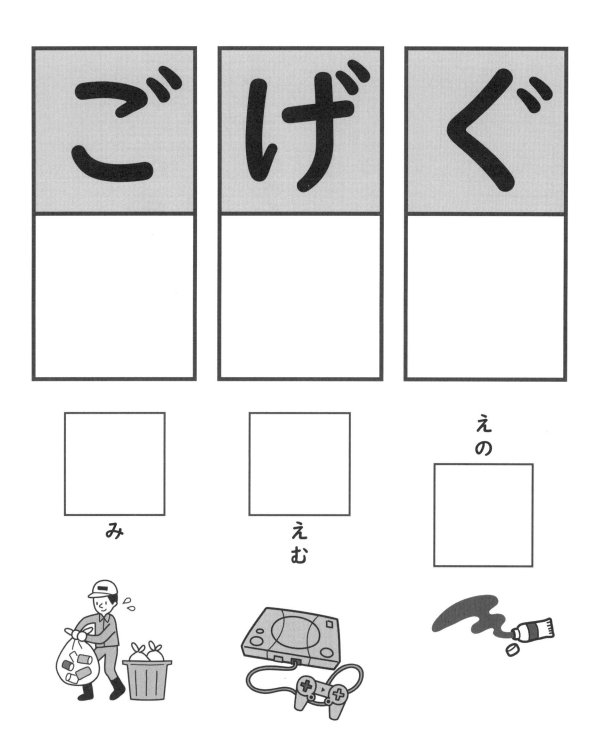

なまえ

□め

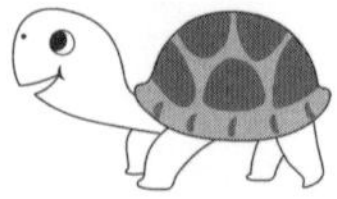

□りん

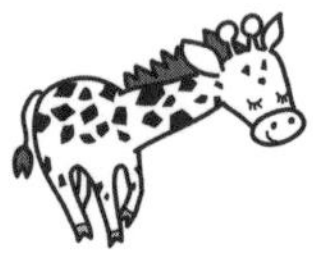

□わがた

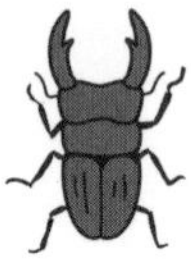

□いと

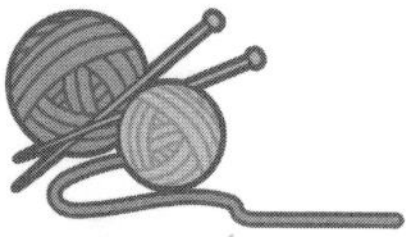

□い

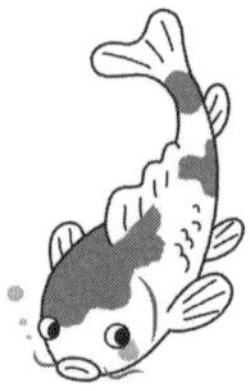

□いこつ

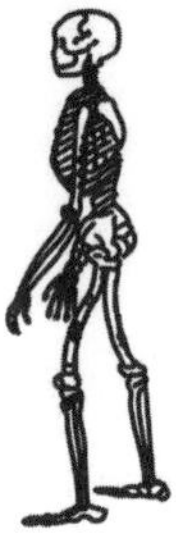

か□

えの□

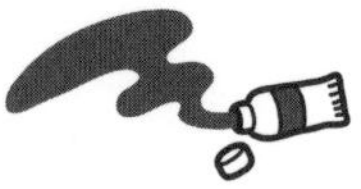

□えむ

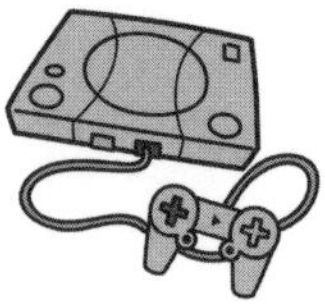

み□

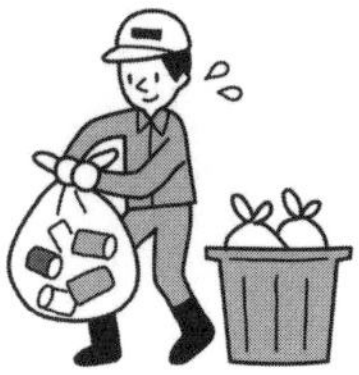

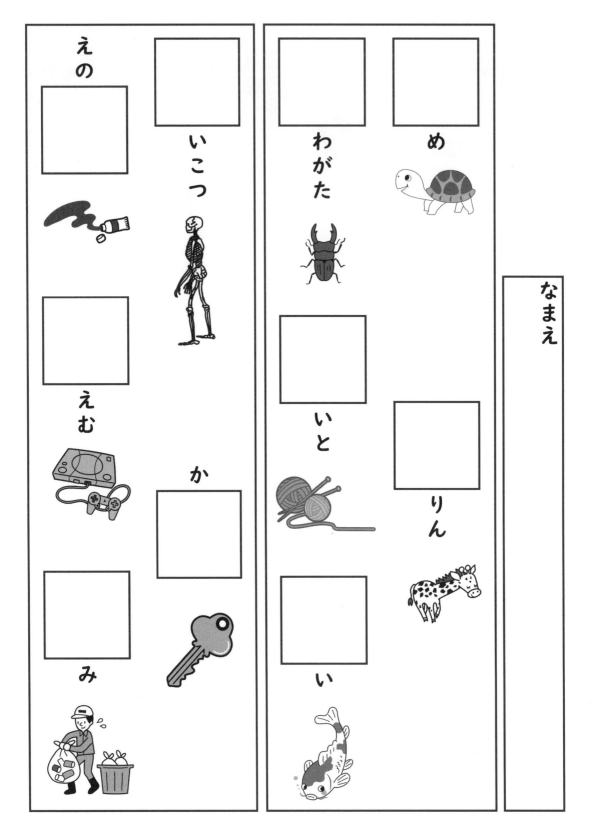

なまえ

わがた

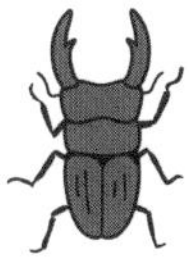

いと

い

いこつ

か

め

りん

えの

えむ

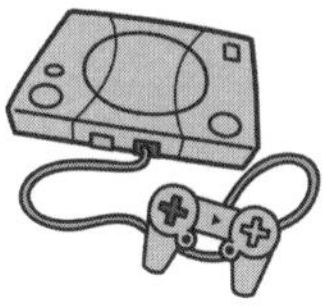

み

その25

なまえ

ざじずぜぞ

ざ

じ

りがに

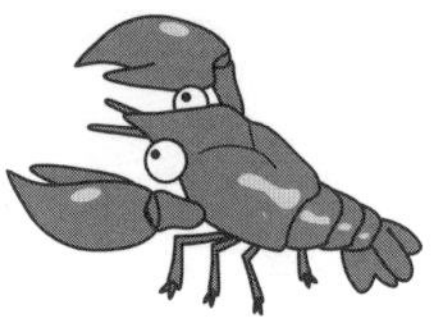

しゃく

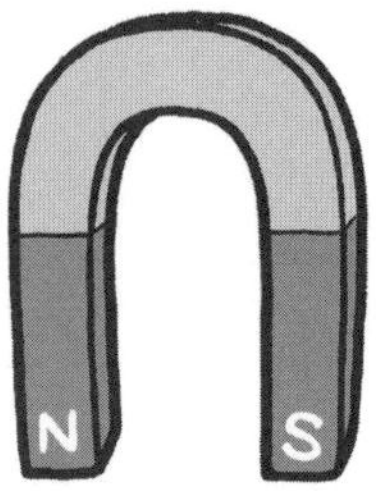

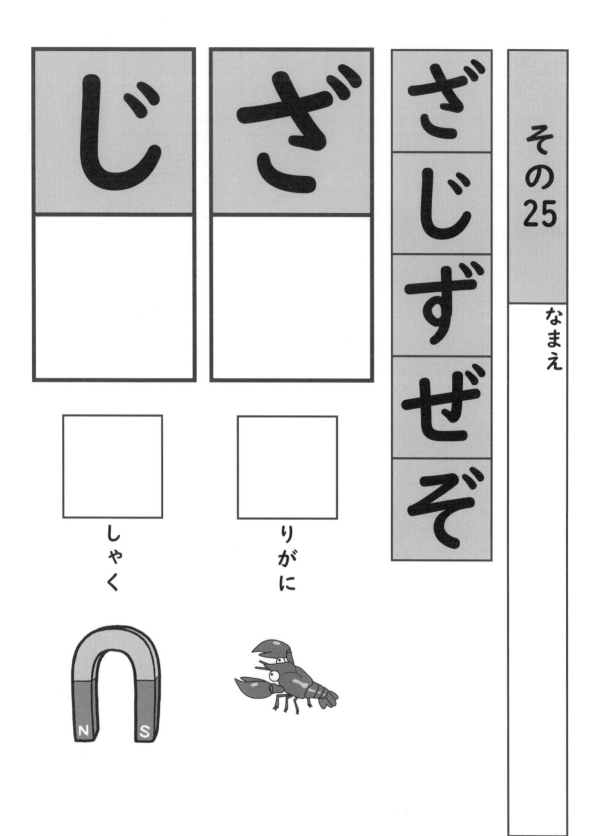

ぞ	ぜ	ず

う

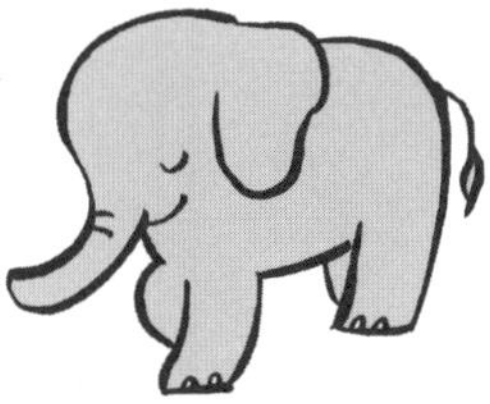

りい

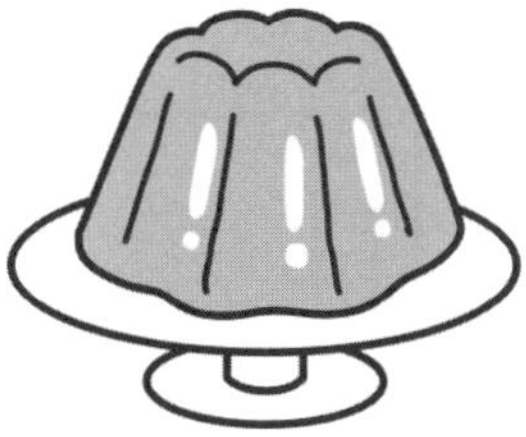

ぼん

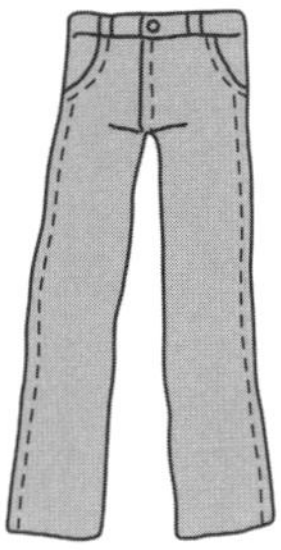

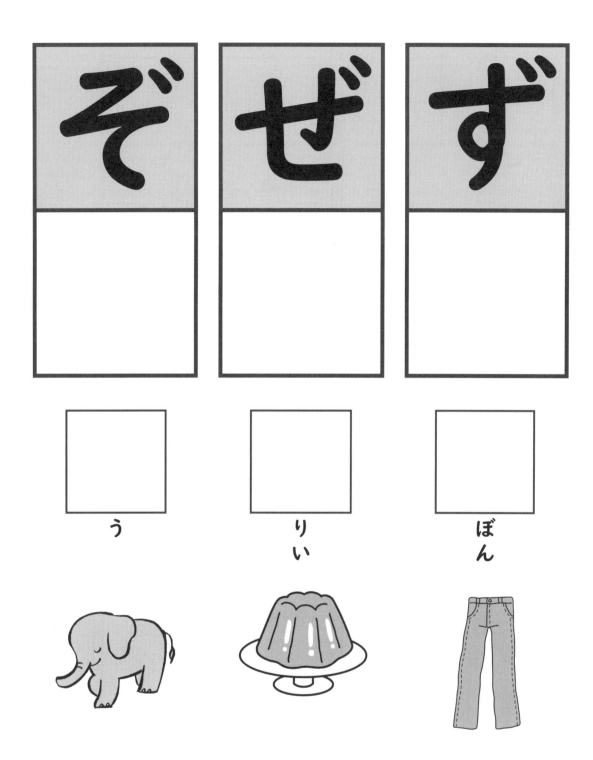

なまえ

い

まうま

ずめ

んろ

ば

りがに

しゃく

ぼん

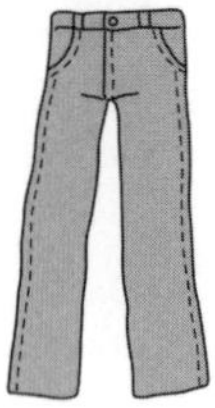

りい

う

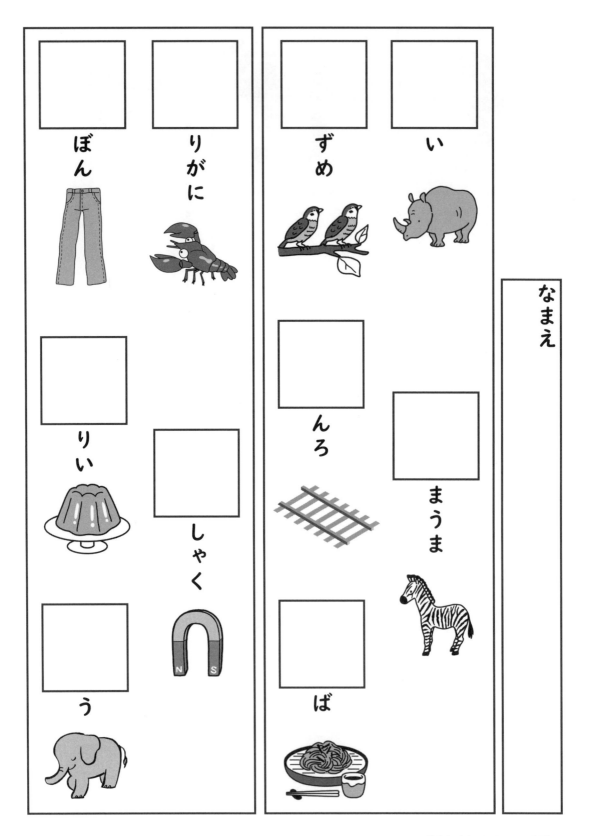

なまえ

わがた

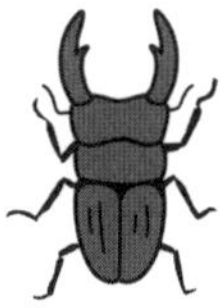

いと

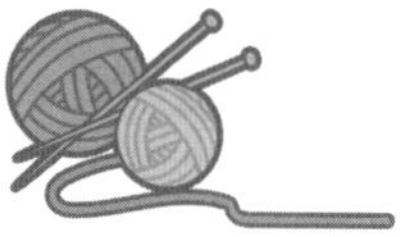

い

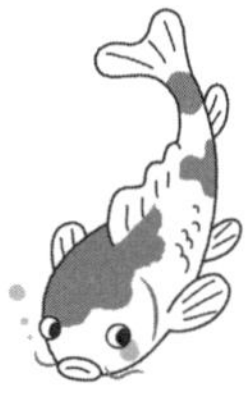

えの

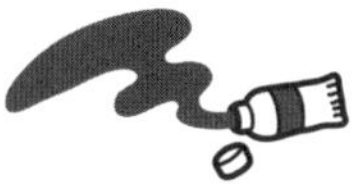

えむ

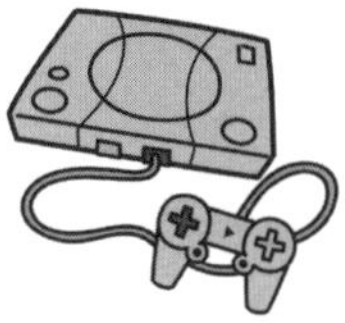

み

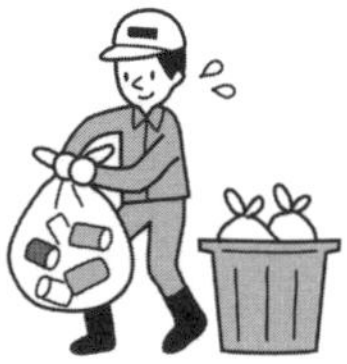

いこつ

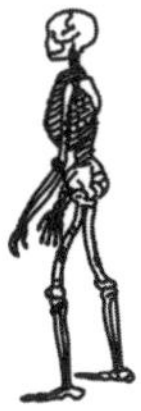

か

め

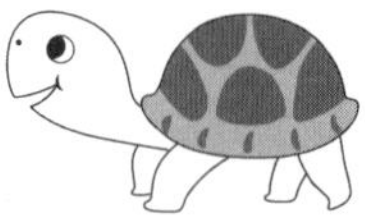

りん

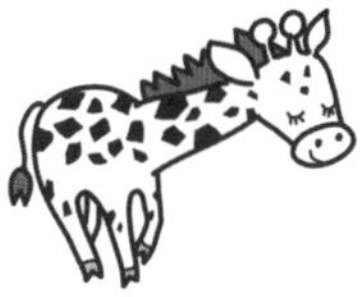

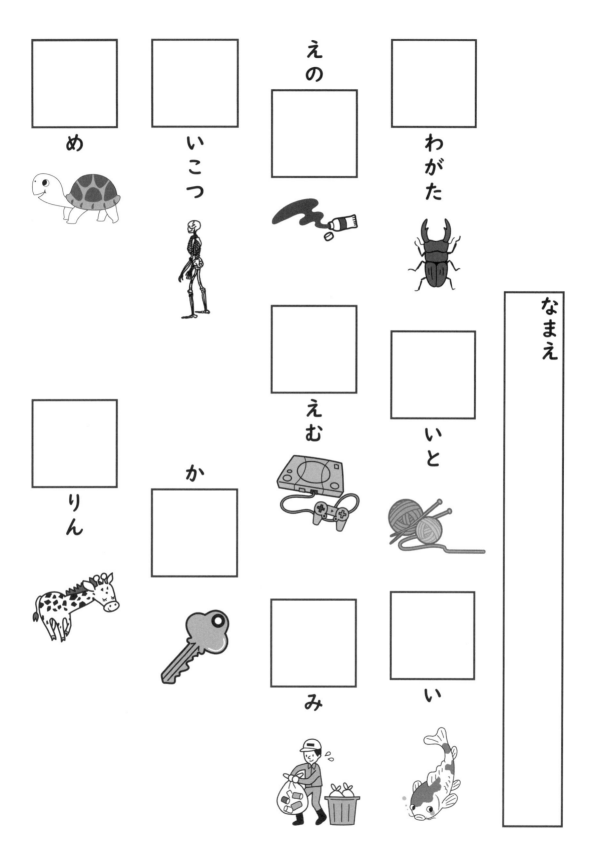

その26

なまえ

だぢづでど

だ

ぢ

□いこん

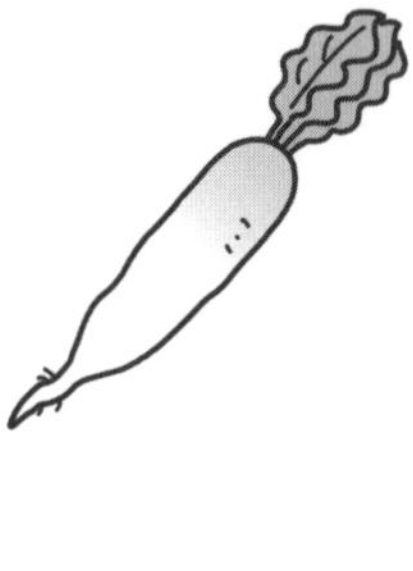

はな□

ど

で

づ

うなつ

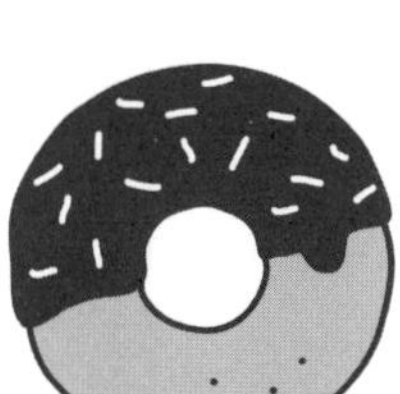

んわ

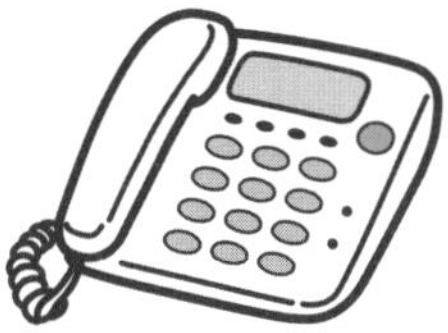

みか

き

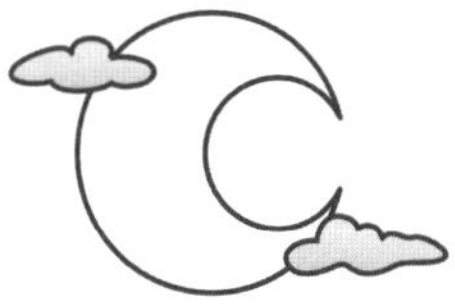

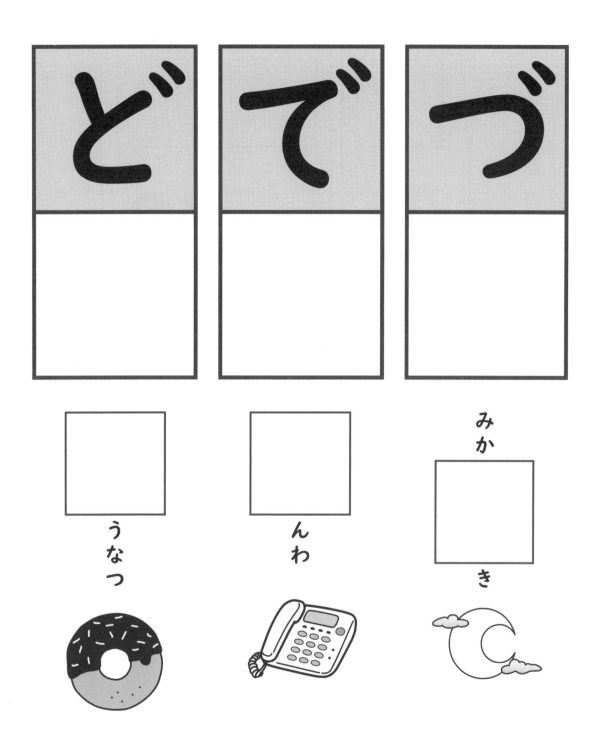

なまえ

こ

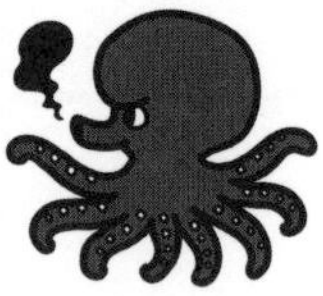

くわ

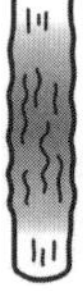

みき

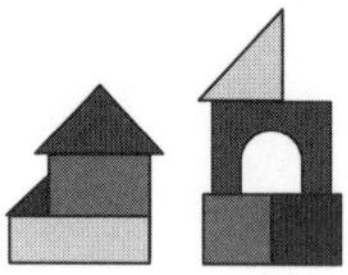

ぶくろ

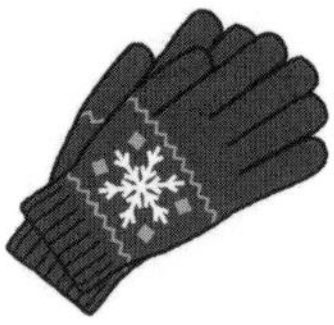

んぼ

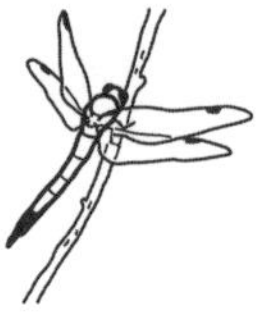

いこん

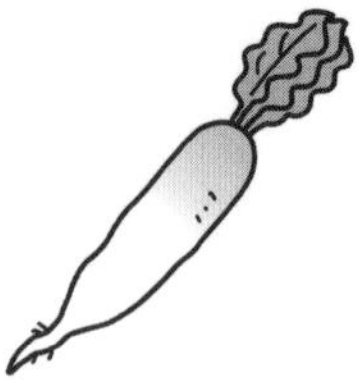

はな

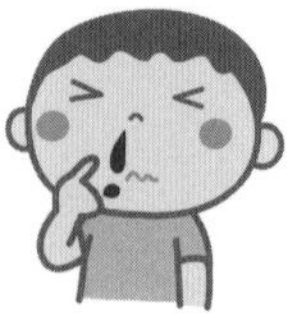

みか

き

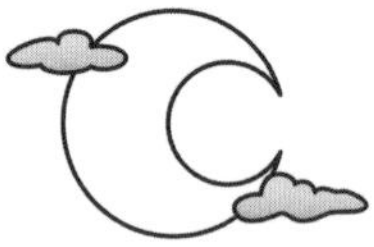

んわ

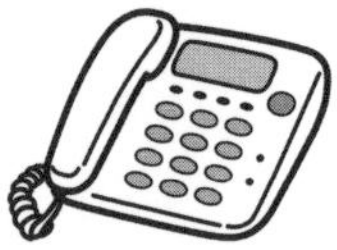

うなつ

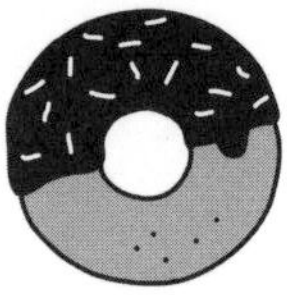

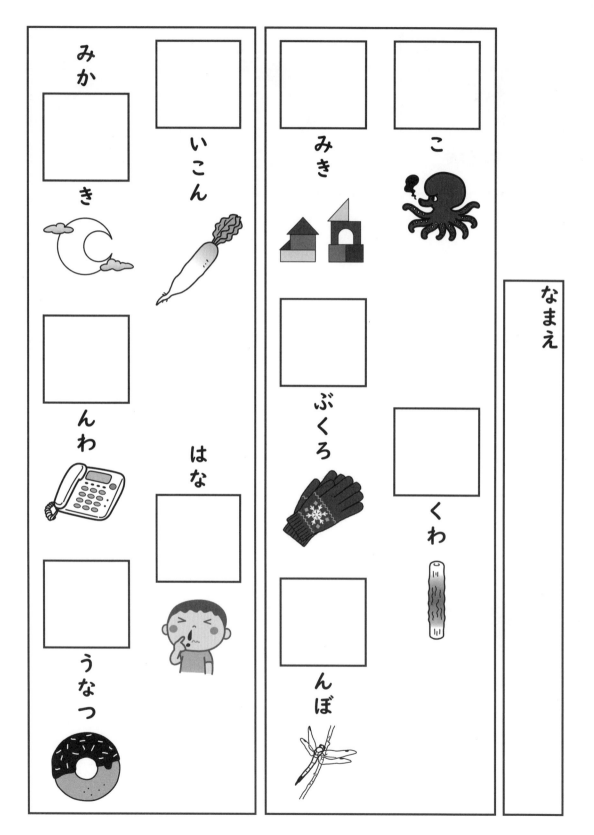

なまえ

ぼん

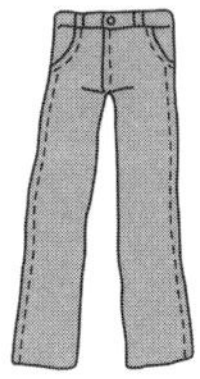

りい

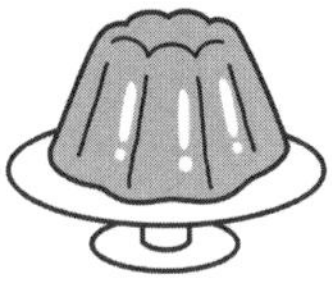

う

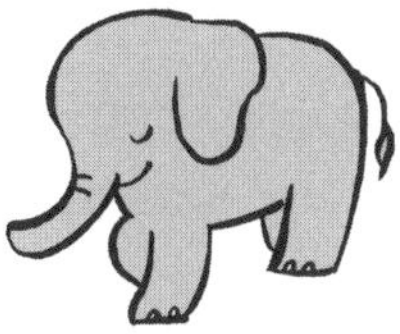

えの

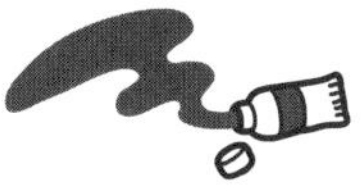

えむ

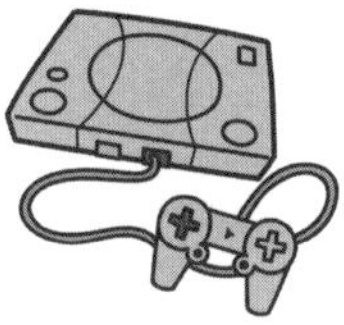

み

いこつ

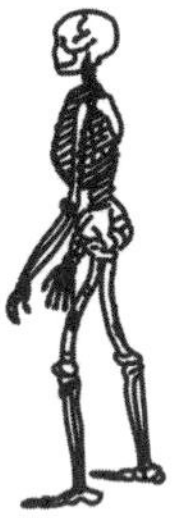

か

りがに

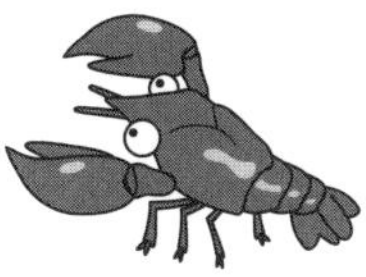

しゃく

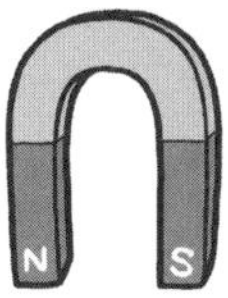

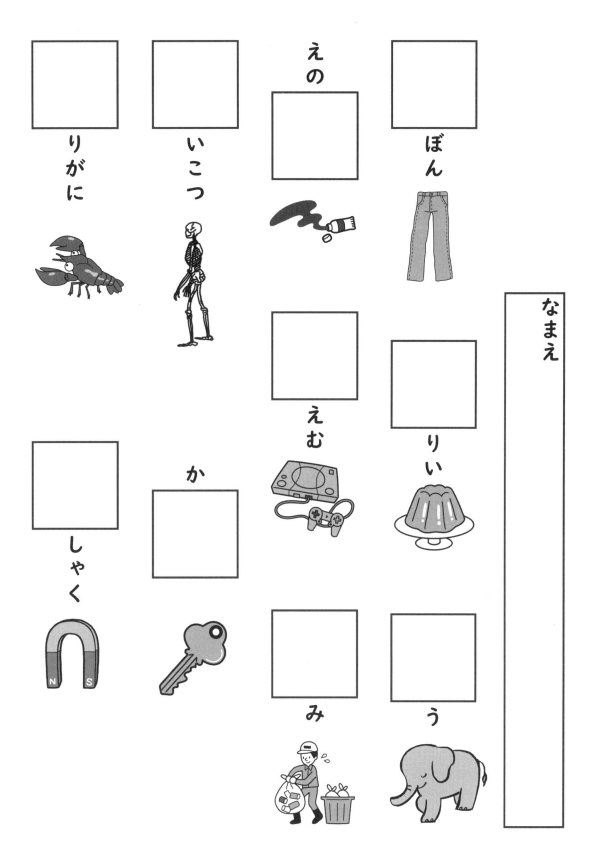

その27

なまえ

ばびぶべぼ

ば

なな

び

あそ

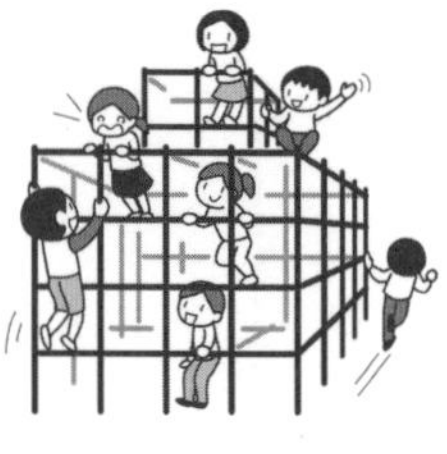

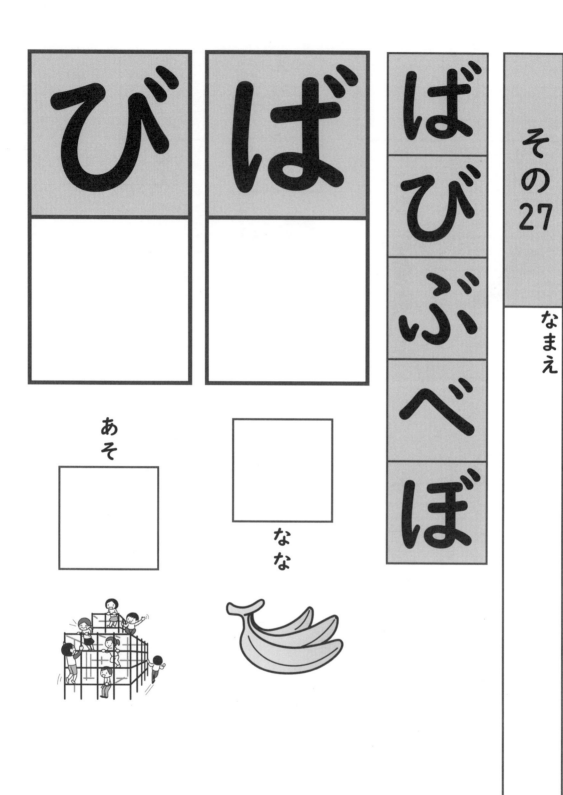

ぼ　べ　ぶ

おる

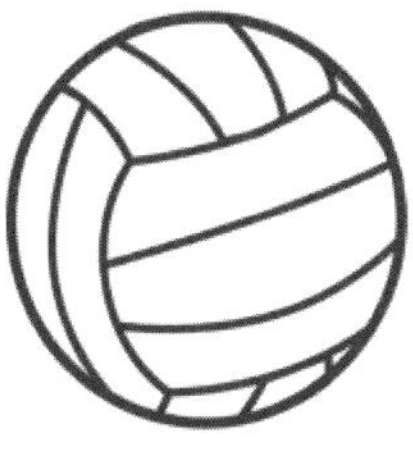

んとう

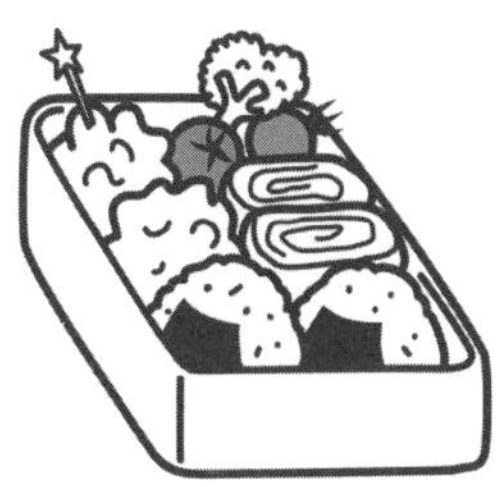

た

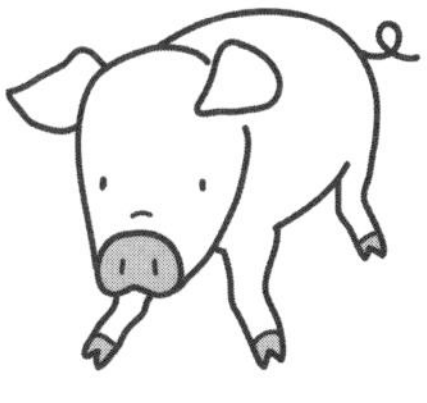

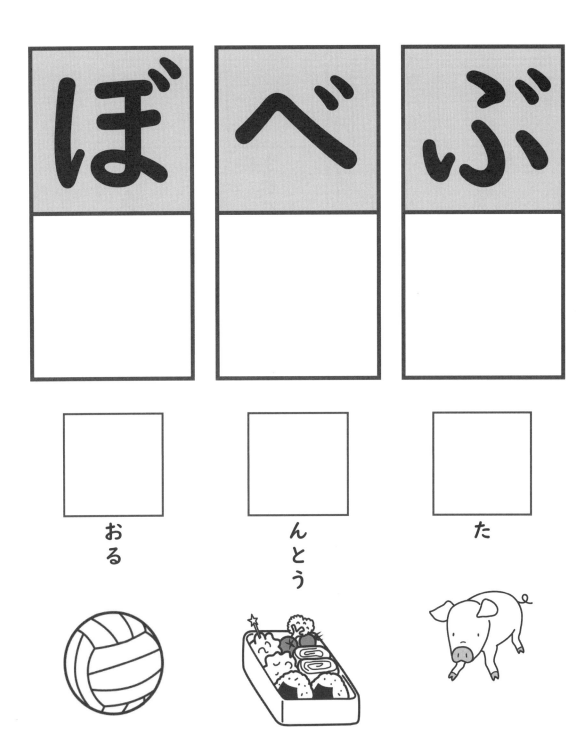

なまえ

し

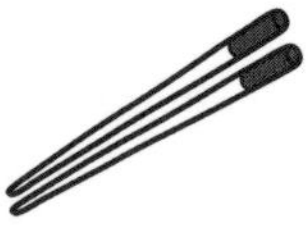

とで

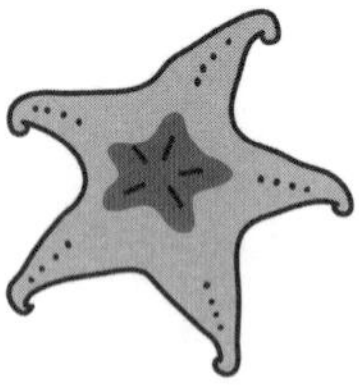

うせん

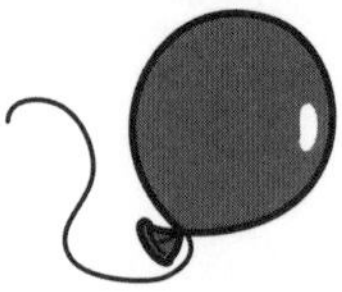

び

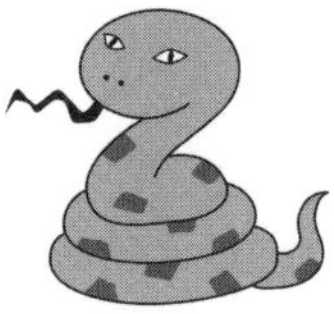

ん

なな

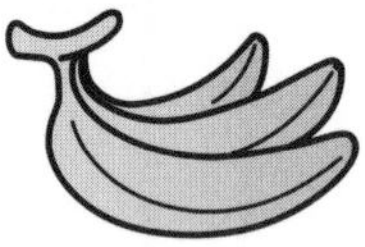

あそ

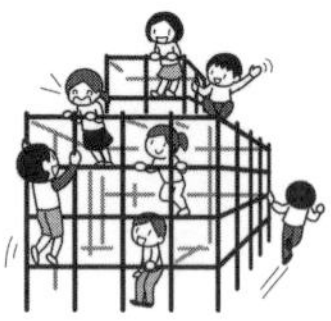

た

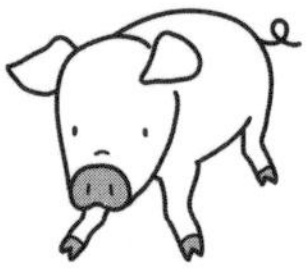

んとう

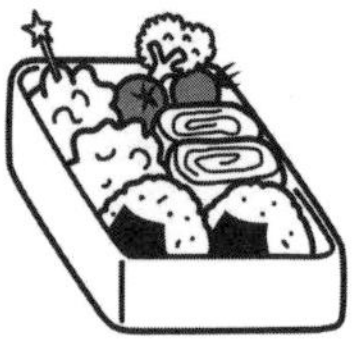

おる

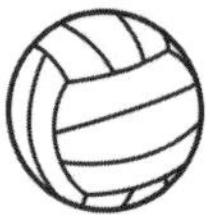

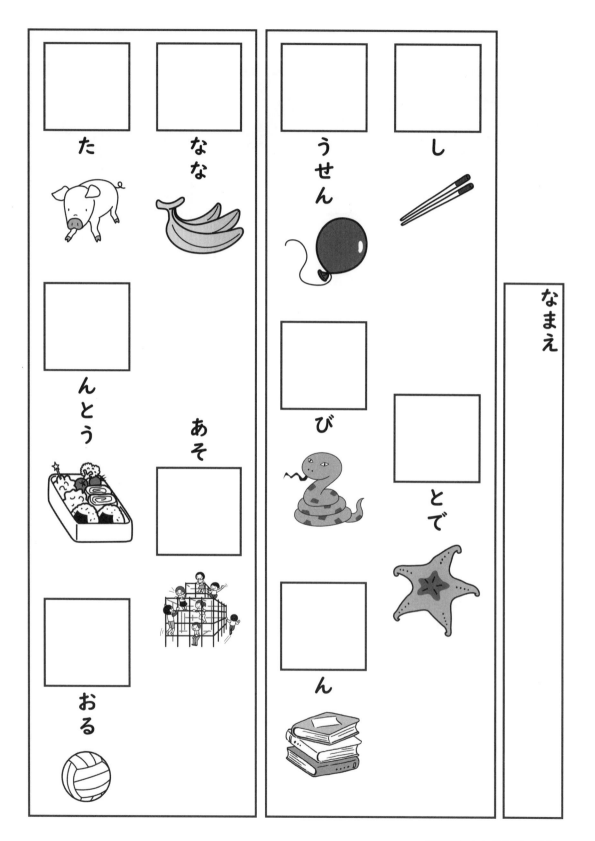

なまえ

ぼん

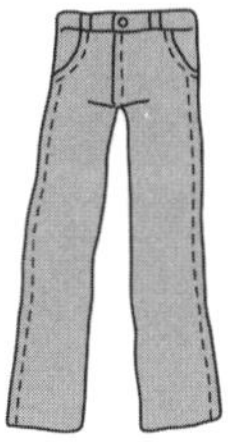

りい

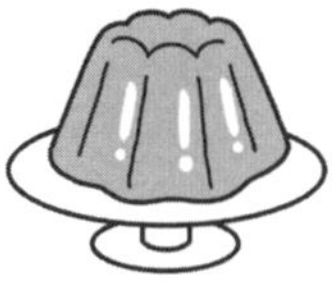

う

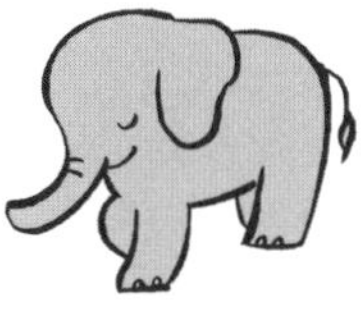

みか

き

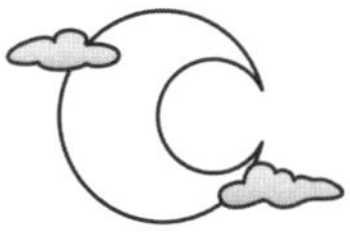

んわ

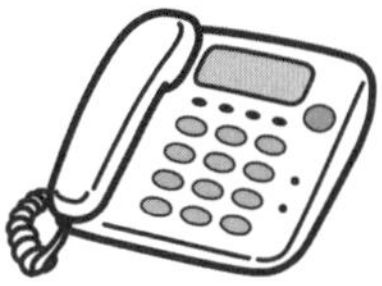

うなつ

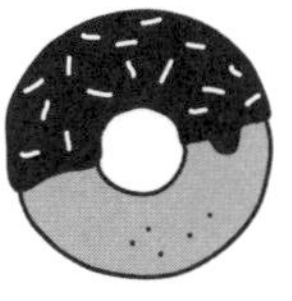

いこん

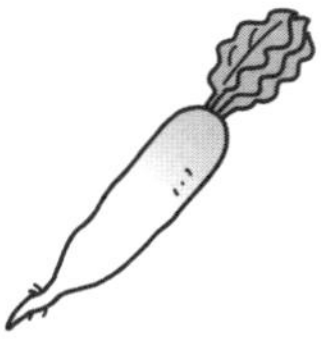

はな

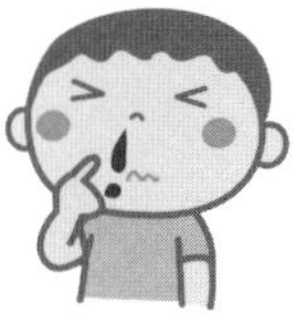

りがに

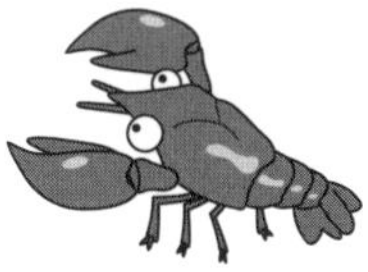

しゃく

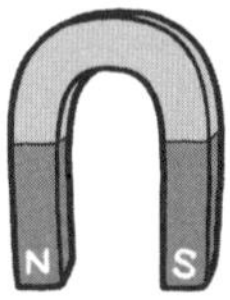

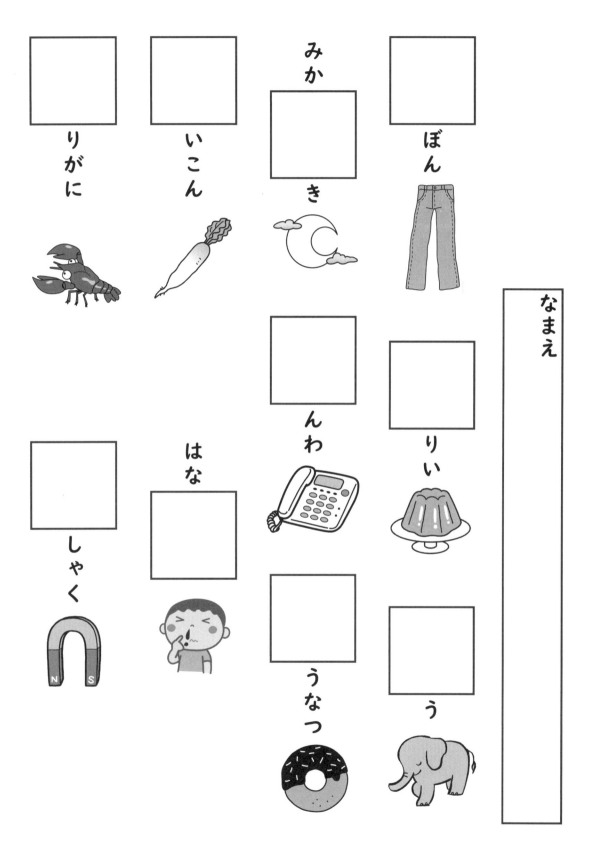

その28

なまえ

ぱ
ぴ
ぷ
ぺ
ぽ

ぱ

ぴ

らっ

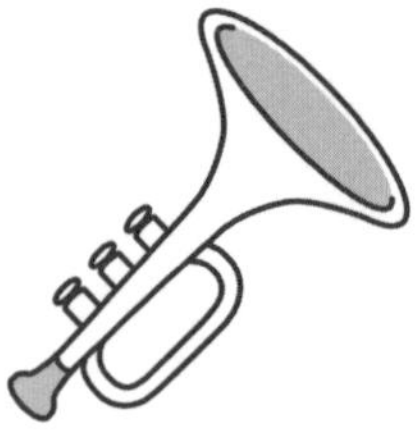

いまん

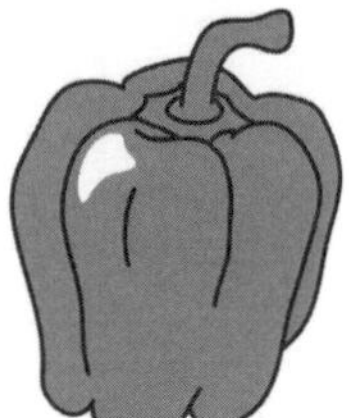

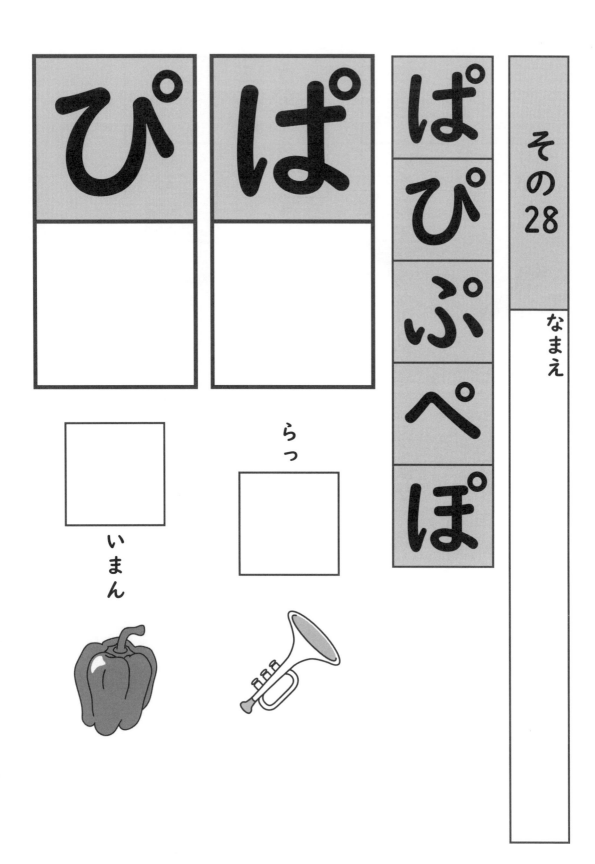

ぽ　ぺ　ぷ

さん

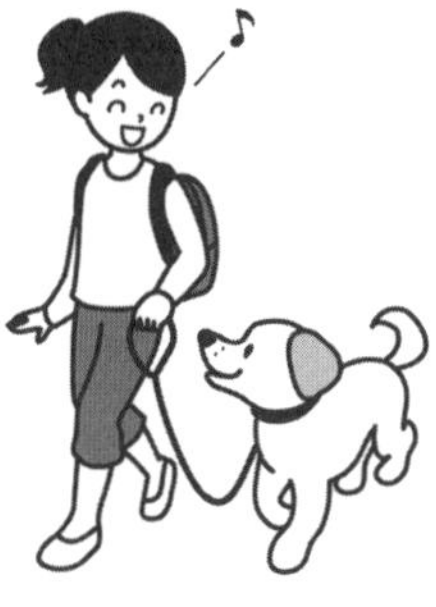

んぎん

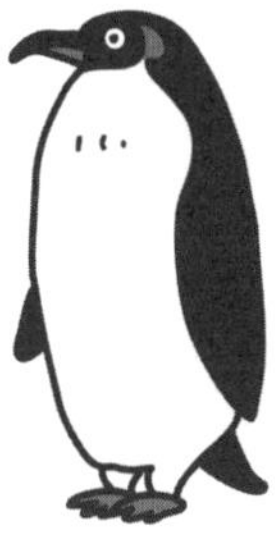

りん

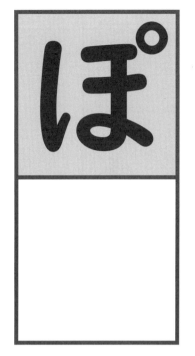

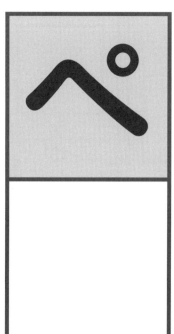

なまえ

し

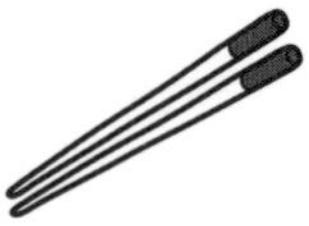

とで

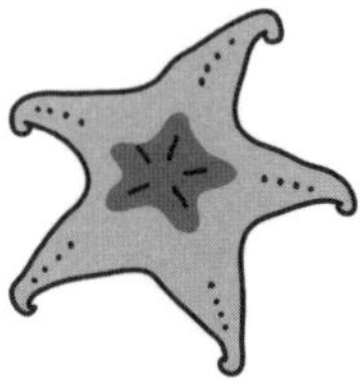

うせん

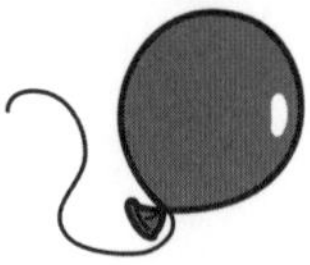

び

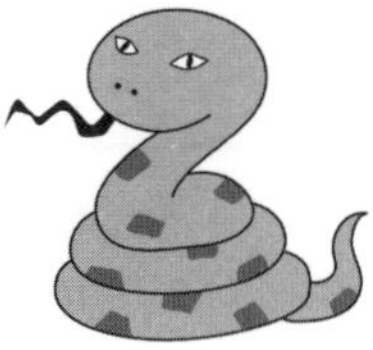

ん

らっ

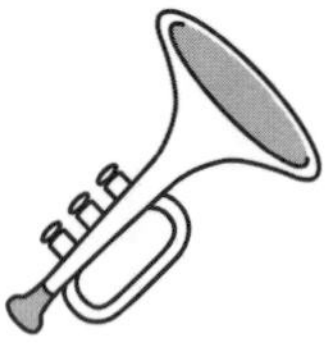

いまん

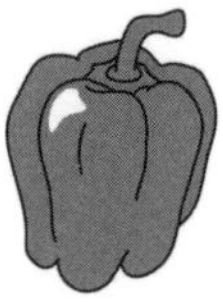

りん

んぎん

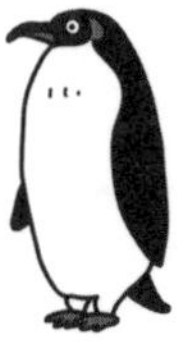

さん

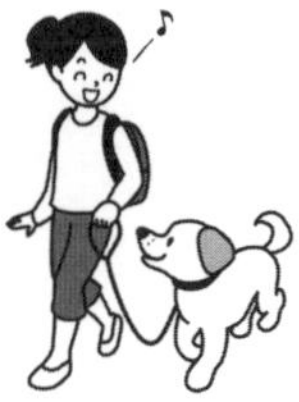

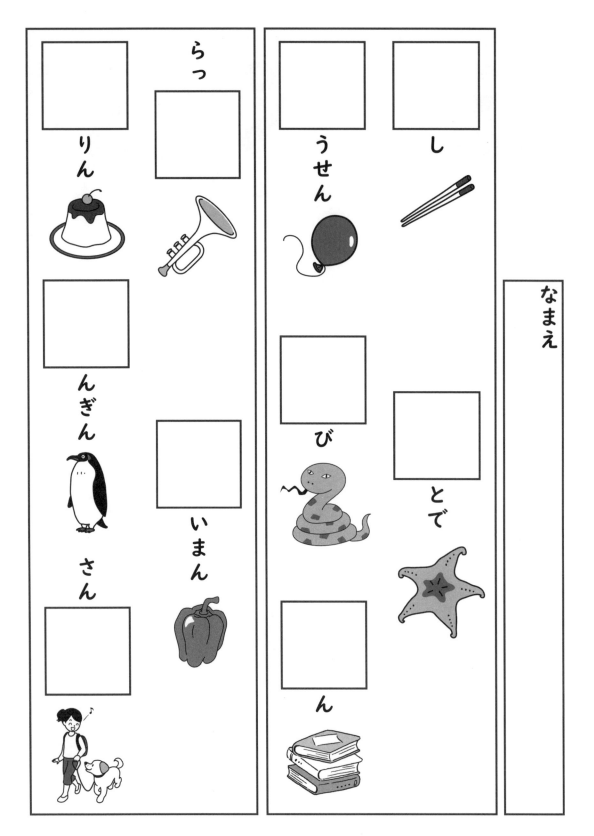

なまえ

た

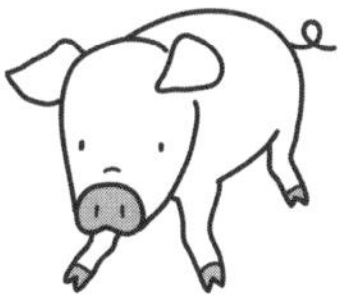

んとう

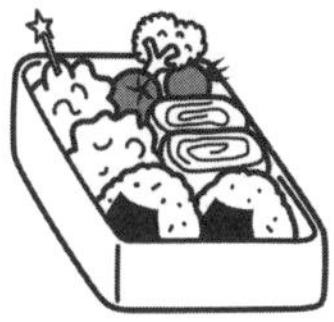

おる

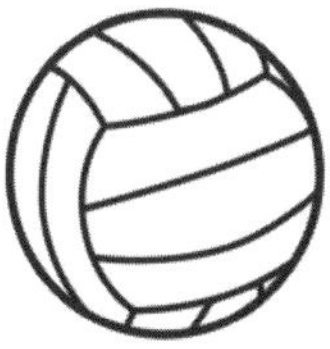

らっ

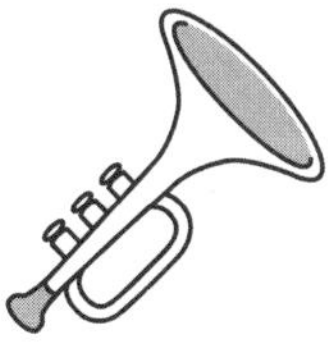

いまん

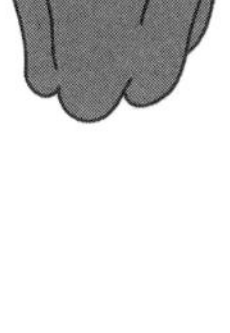

りん

んぎん

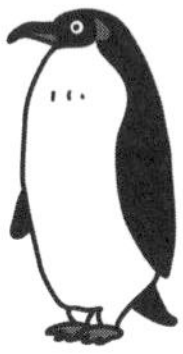

さん

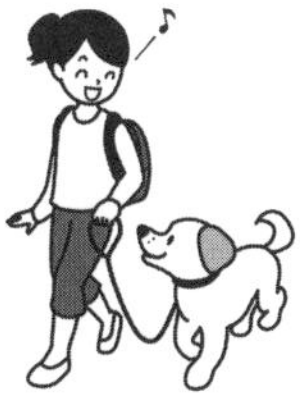

なな

あそ

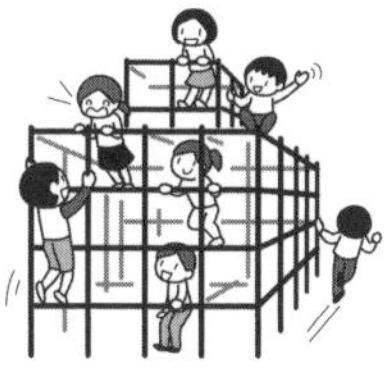

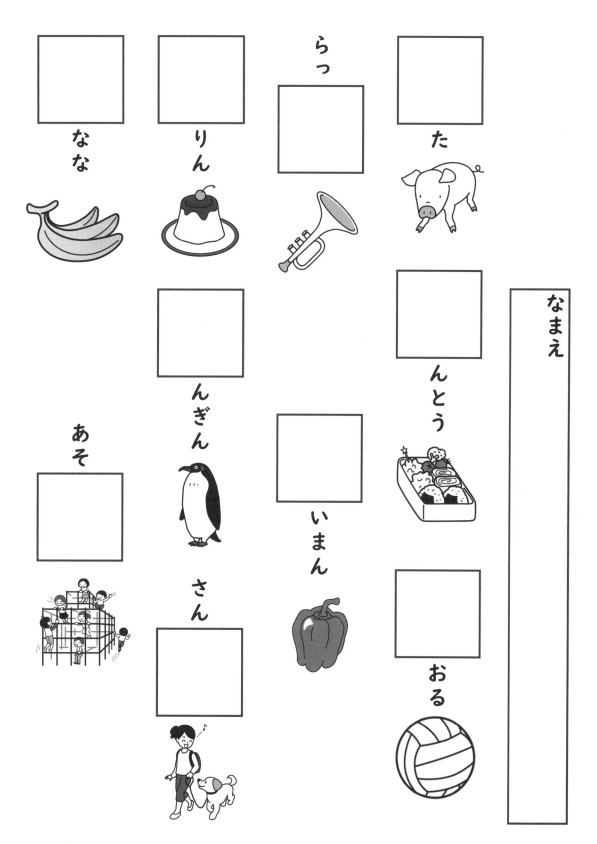

その29

なまえ

えほん

りんご

らっこ

らっぱ

ばった

こっぷ

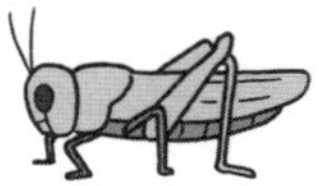

その30

なまえ

きゃ	きゅ	きょ

きゃ	ら	め	る

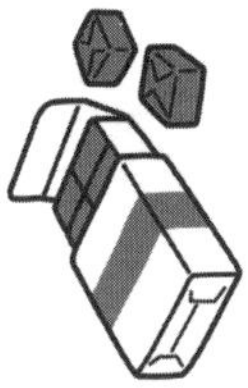

きゅ	う	り

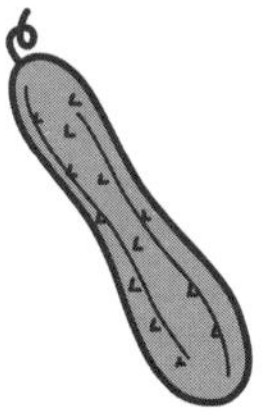

きょ	う	か	しょ

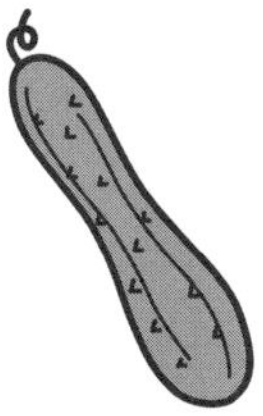

その31

なまえ

し	ゃ	し	ゅ	し	ょ

で	ん	し	ゃ

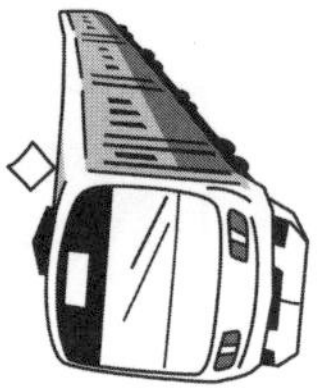

し	ゅ	り	け	ん

し	ょ	う	ぼ	う	し	ゃ

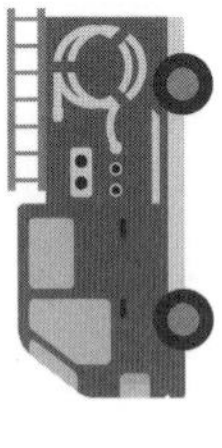

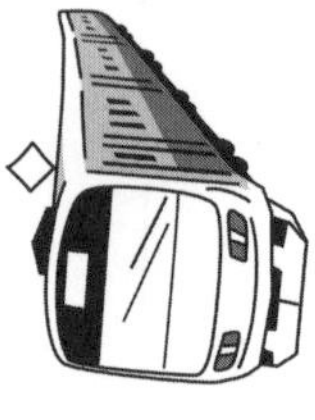

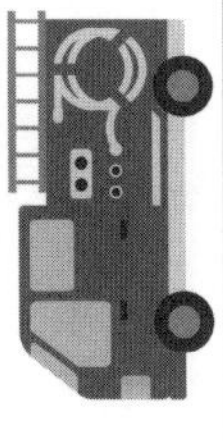

その32	なまえ

ち	ゃ	ち	ゅ	ち	ょ

お	ち	ゃ

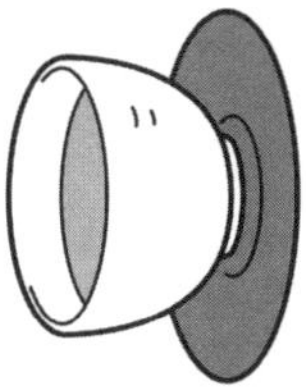

ち	ゅ	う	し	ゃ

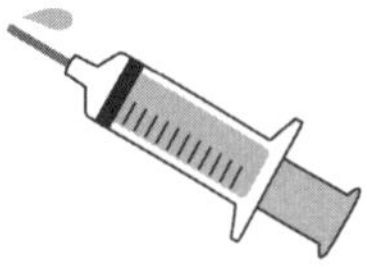

ち	ょ	こ

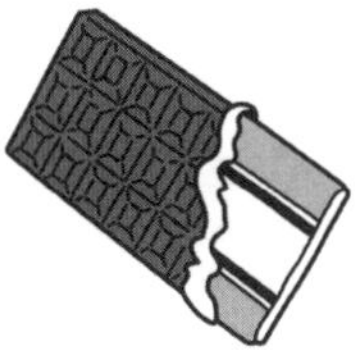

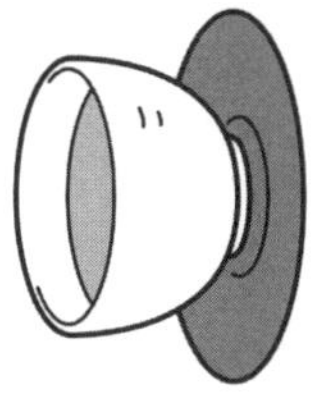

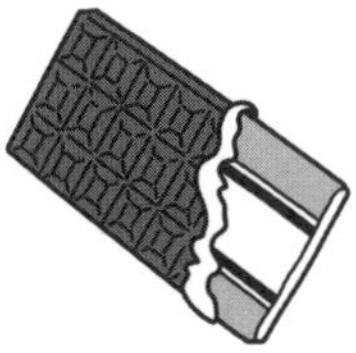

その33

なまえ

にゃ　にゅ　にょ

こんにゃく

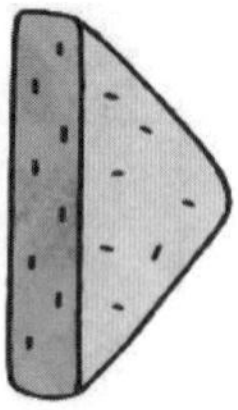

ぎゅうにゅう

にょいぼう

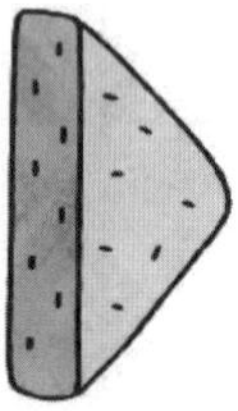

その34

なまえ

ひ	ゃ	ひ	ゅ	ひ	ょ

ひ	ゃ	く	え	ん

ひ	ゅ	う	ひ	ゅ	う

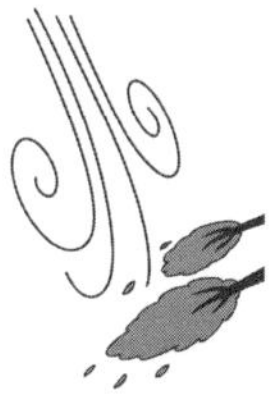

ひ	ょ	う	た	ん

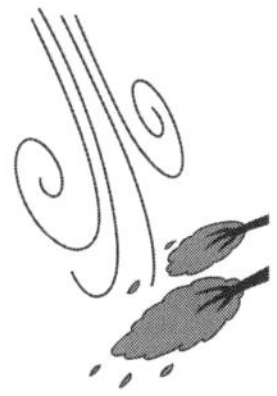

その35

なまえ

みゃ みゅ みょ

さんみゃく

みゅうじっく

みょうが

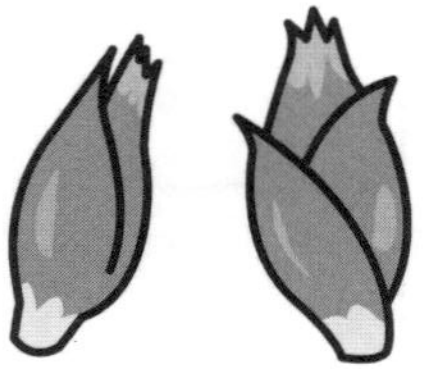

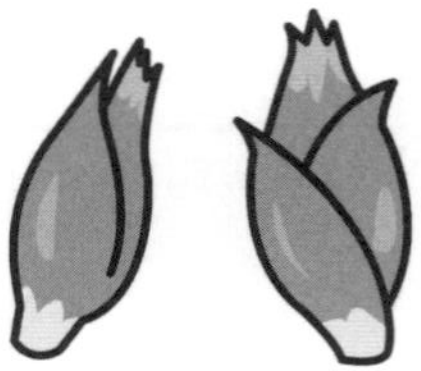

その36

なまえ

りゃ　りゅ　りょ

りゃま

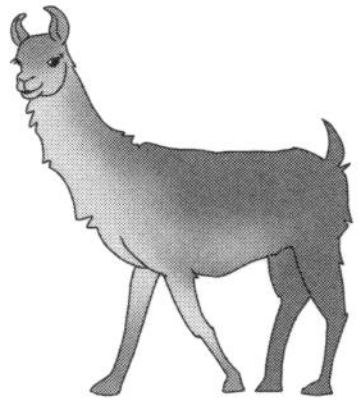

りゅう

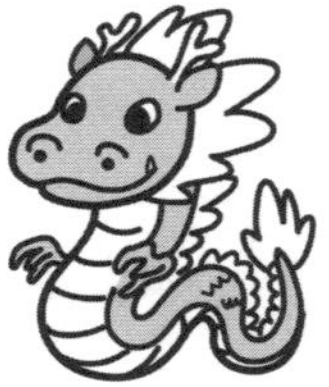

りょこう

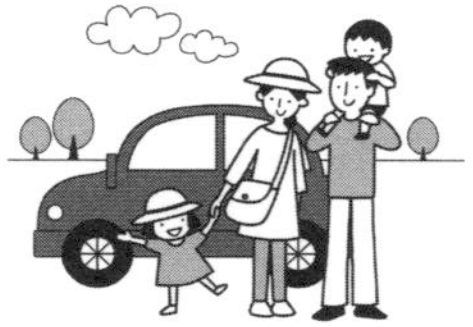

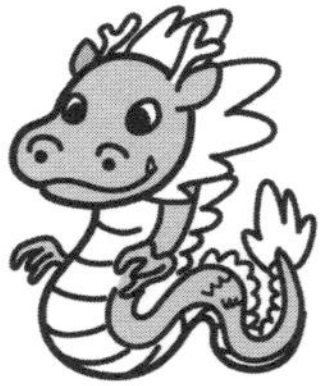

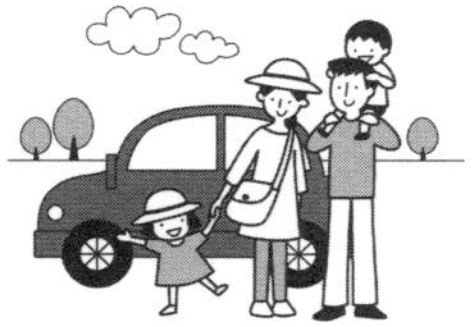

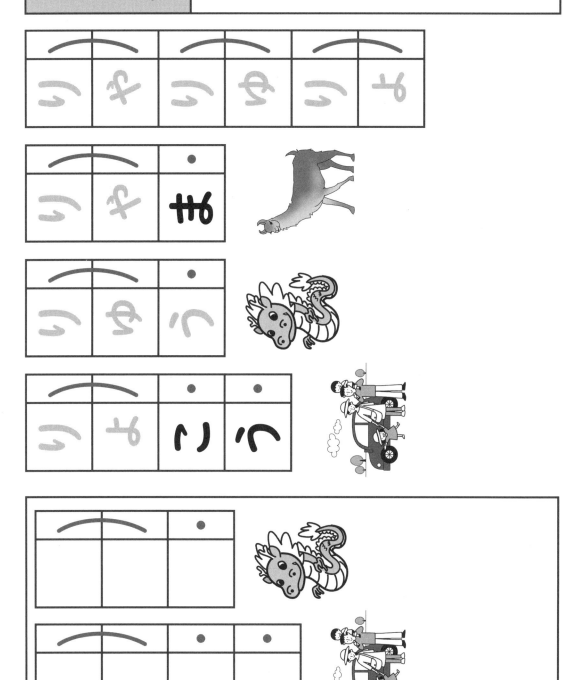

その37

なまえ

ぎ	や	ぎ	ゆ	ぎ	よ

ぎ	や	あ

ぎ	ゆ	う	に	く

ぎ	よ	う	ざ

その38

なまえ

じ	ゃ	じ	ゅ	じ	ょ

じ	ゃ	ん	け	ん

じ	ゅ	う	す

じ	ょ	う	ぎ

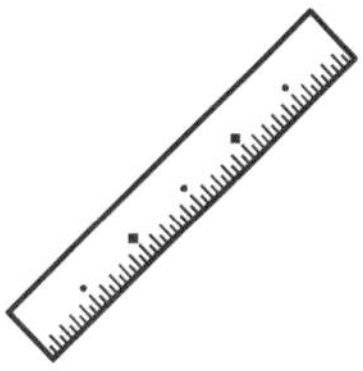

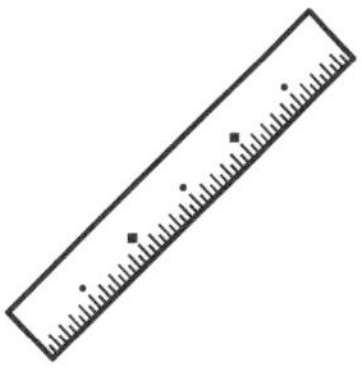

その39	なまえ

ぢ	ゃ	ぢ	ゅ	ぢ	ょ

ご	は	ん	ぢ	ゃ	わ	ん

せ	か	い	ぢ	ゅ	う

その40

なまえ

びゃ　びゅ　びょ

さんびゃくえん

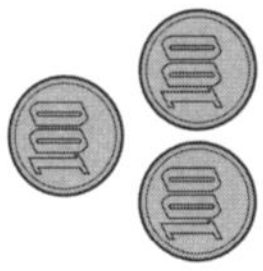

いんたびゅう

がびょう

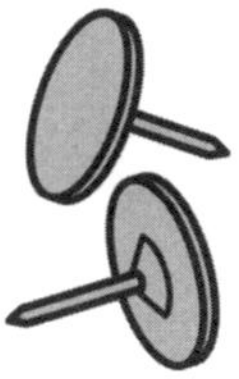

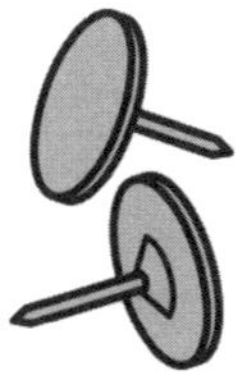

その41	なまえ

ぴ	ゃ	ぴ	ゅ	ぴ	ょ

ろ	っ	ぴ	ゃ	く	え	ん

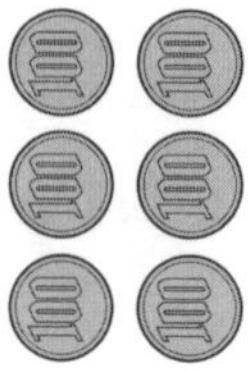

こ	ん	ぴ	ゅ	う	た	あ

か	ん	ぴ	ょ	う

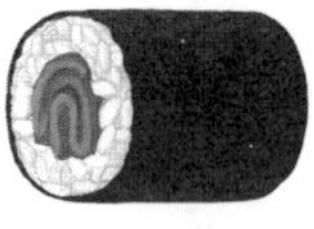

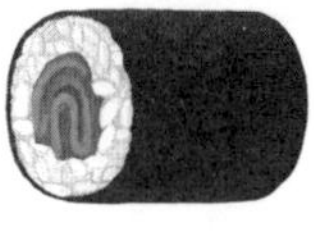

テスト①

なまえ

び

ぬ

その1

こぎり

うそく

その2

みき

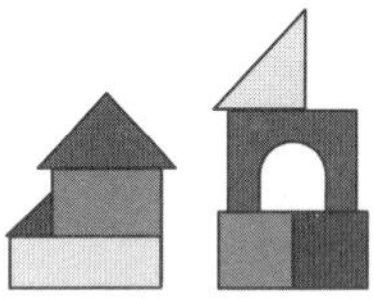

っと

その3

テスト②

なまえ

ぼん

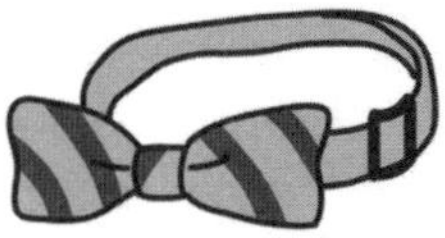

ぶくろ

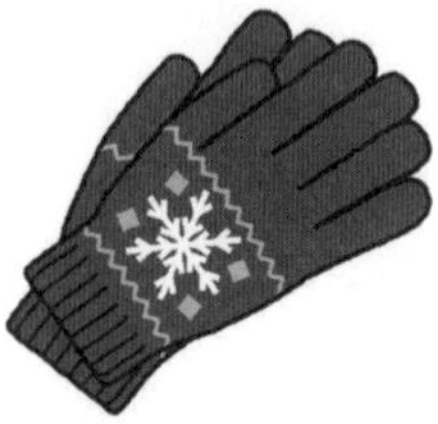

その4

し

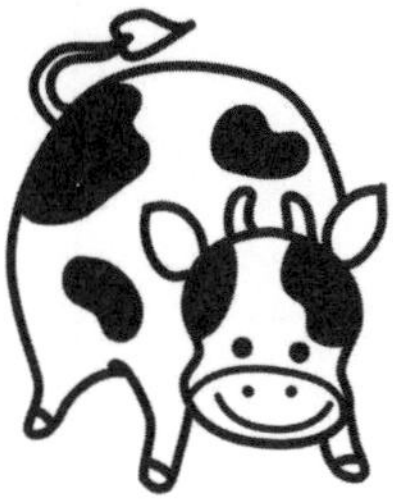

いと

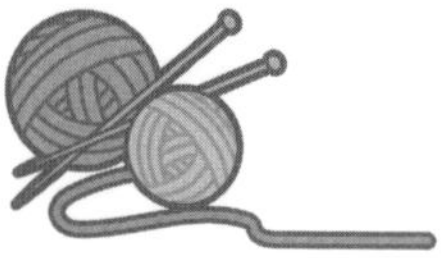

その5

わがた

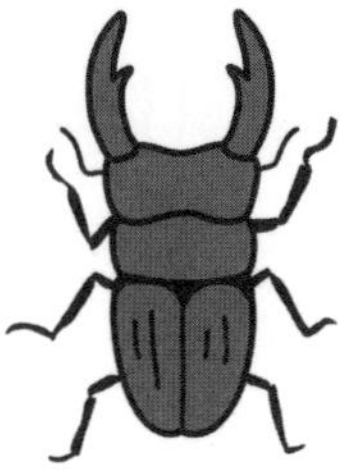

ずめ

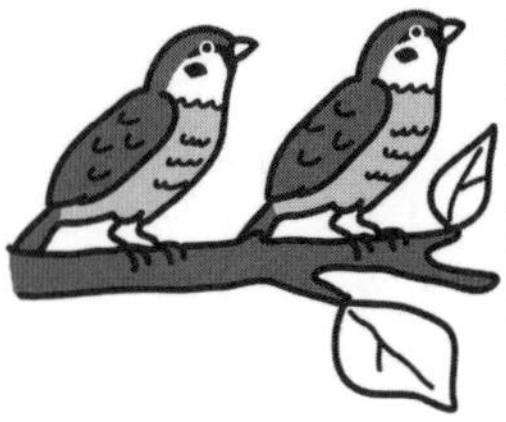

その6

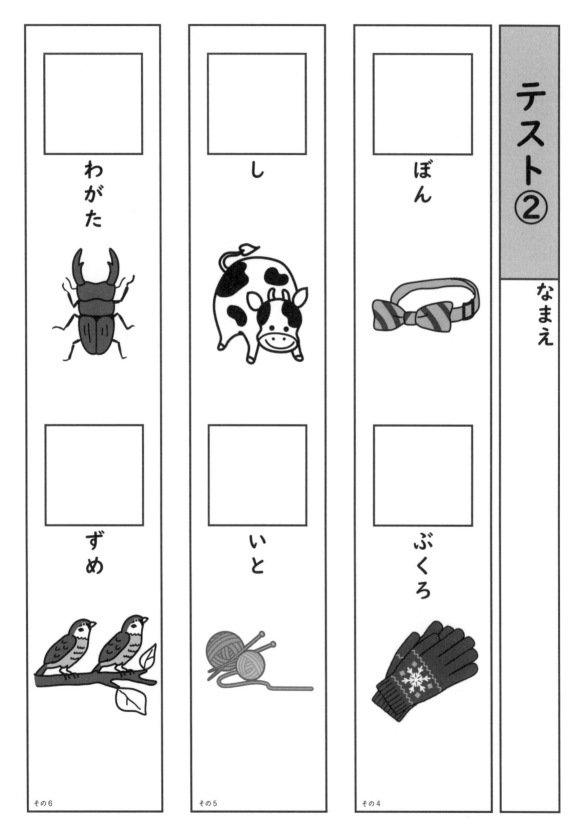

テスト③

なまえ

い

かば

その7

まうま

に

その8

んぼ

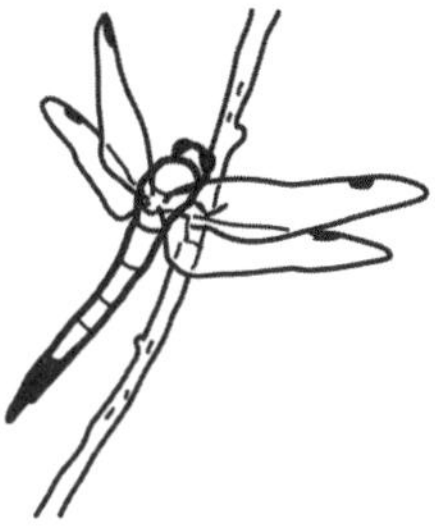

とで

その9

テスト④

なまえ

び

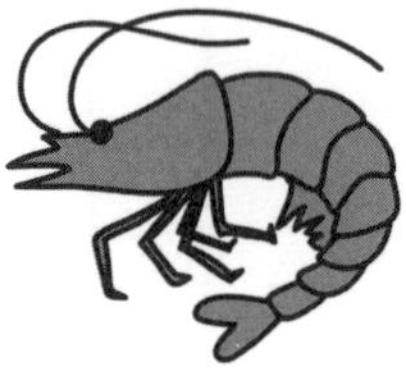

んじん

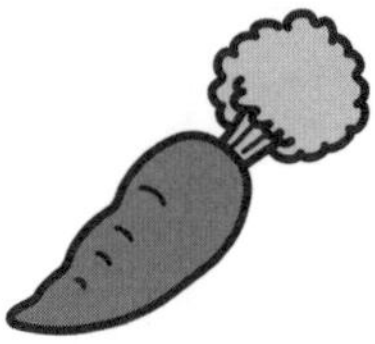

その10

びい

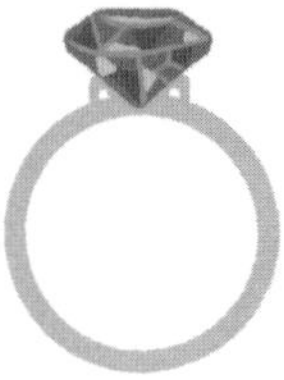

い

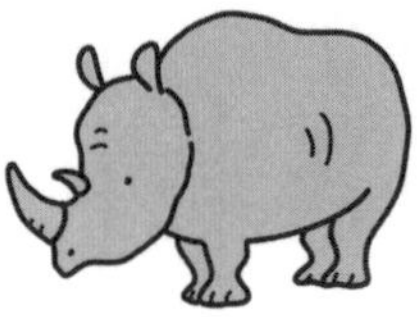

その11

め

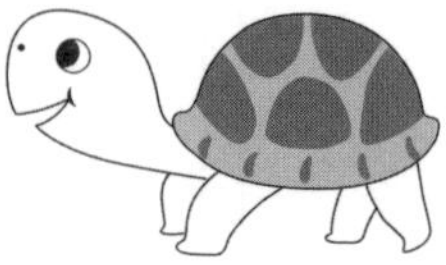

も

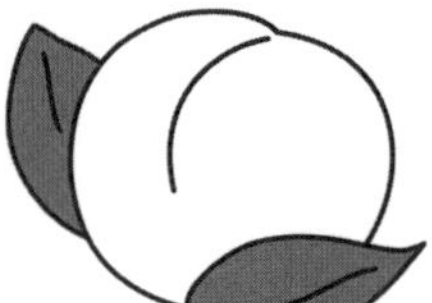

その12

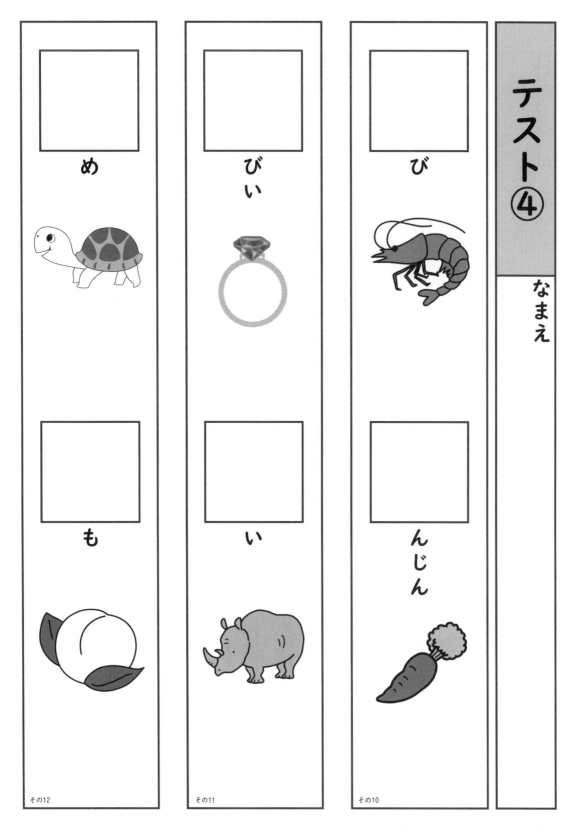

テスト⑤

なまえ

くわ

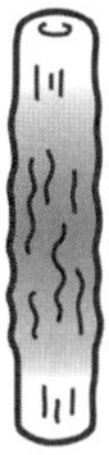

かん

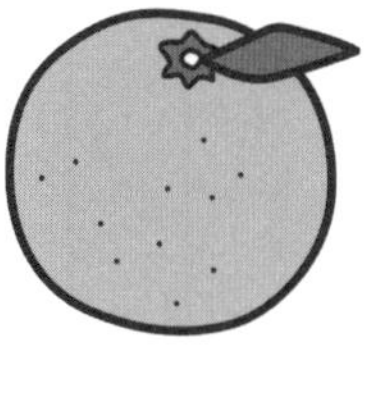

その13

め

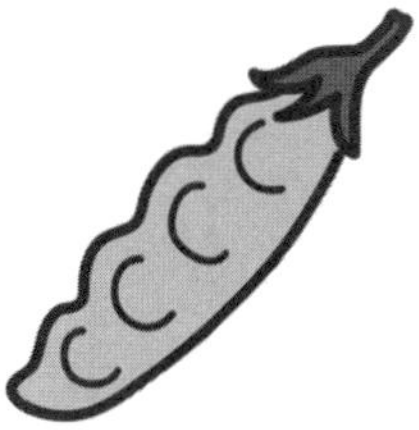

こ

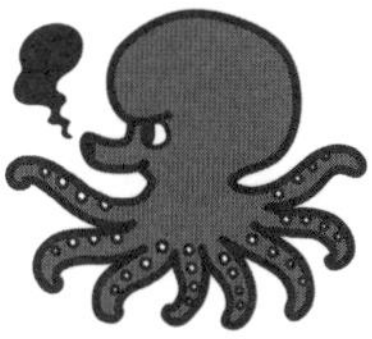

その14

に

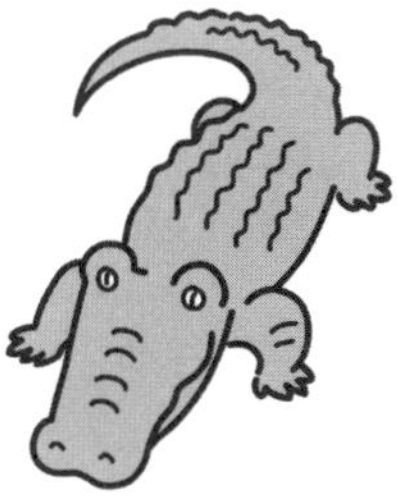

だま

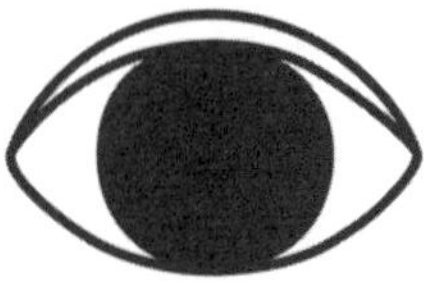

その15

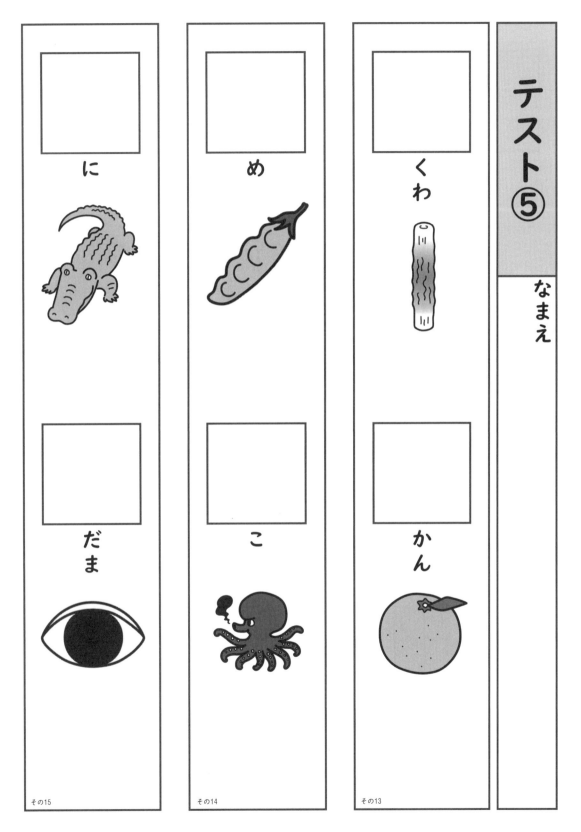

テスト⑥

なまえ

し

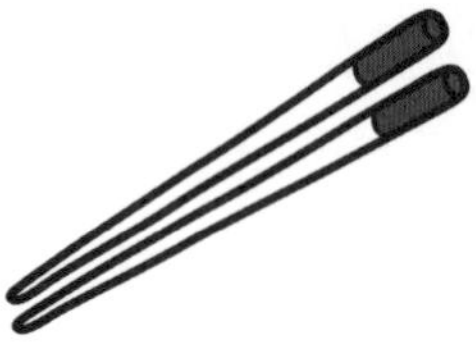

もん

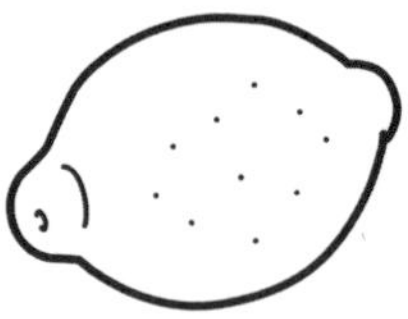

その16

りん

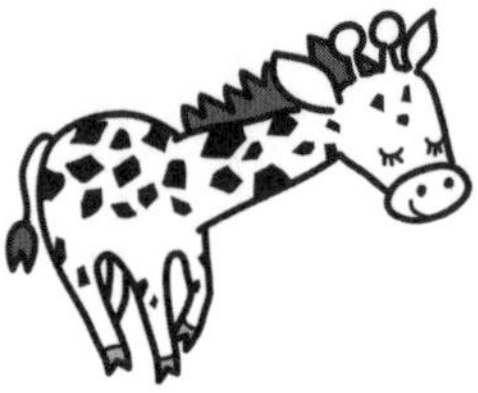

し

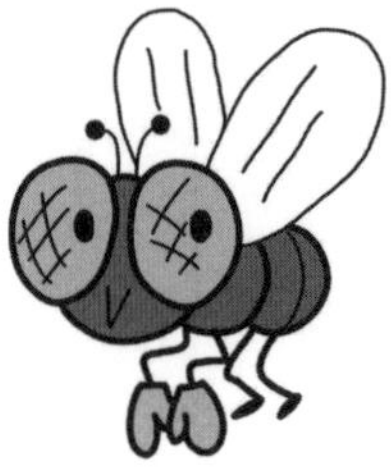

その17

んろ

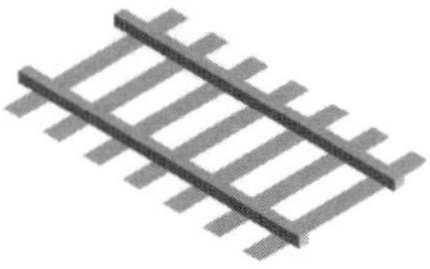

ん

その18

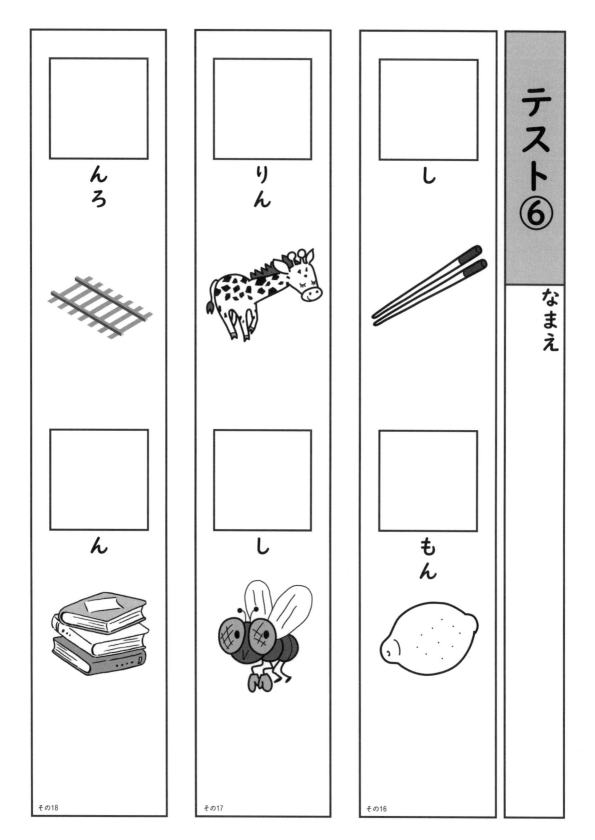

テスト⑦

なまえ

っこ

ひる

その19

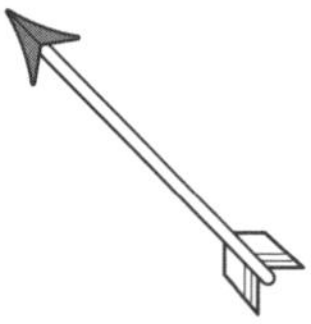

こ

その20

うせん

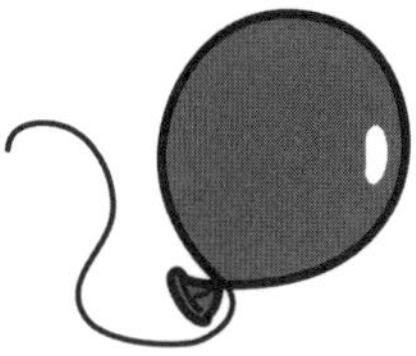

す

その21

テスト⑧

なまえ

り

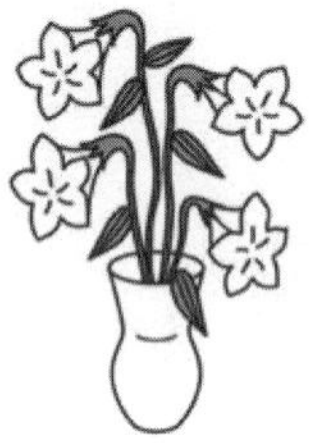

ば

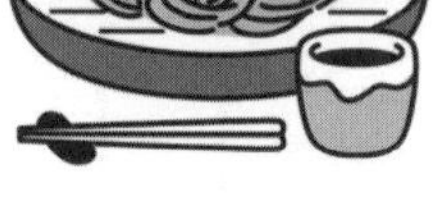

その22

の

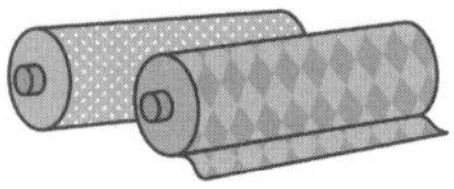

え

かく

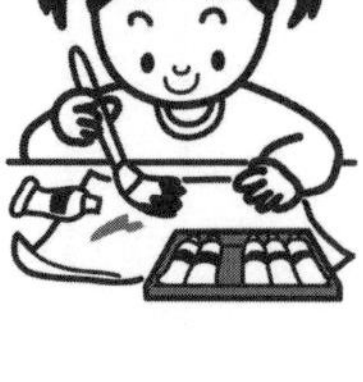

その23

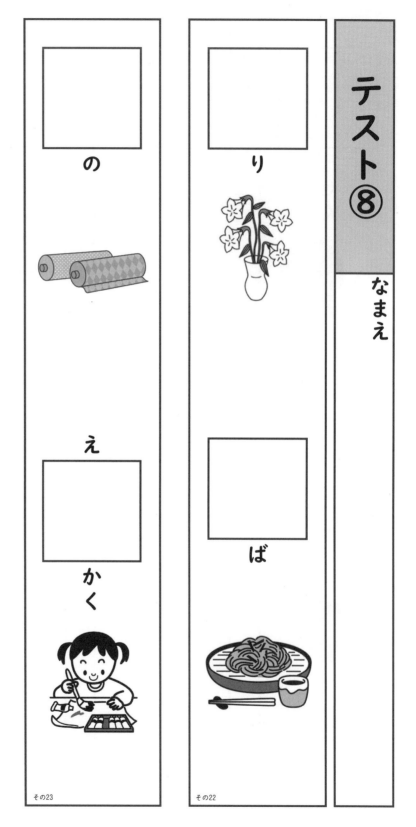

テスト⑨

なまえ

いこつ

か

えの

えむ

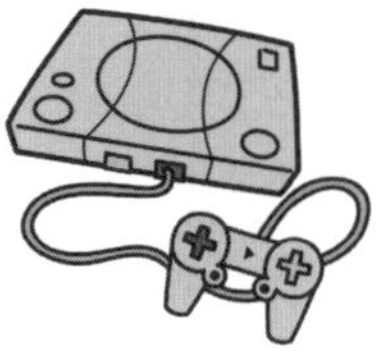

み

その24

りがに

ぼん

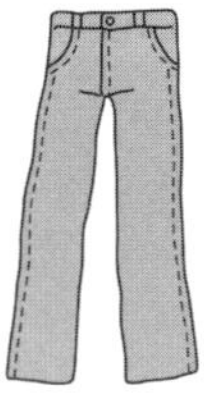

しゃく

りい

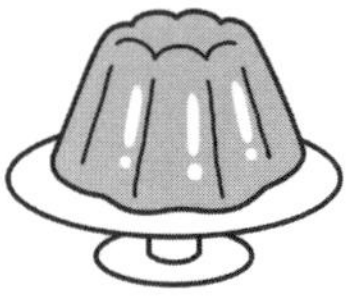

う

その25

テスト⑩

なまえ

いこん

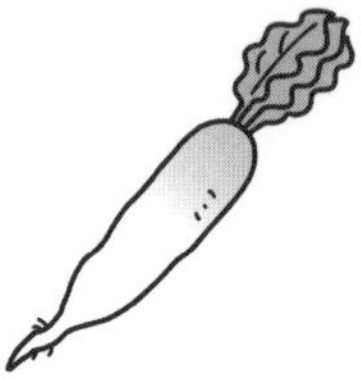

はな

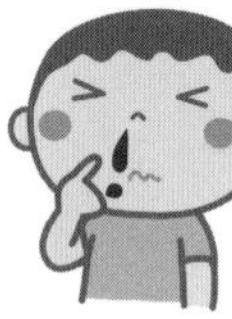

みか

き

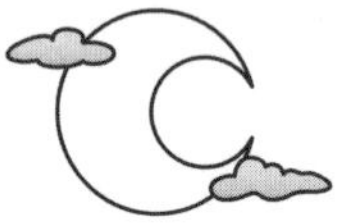

んわ

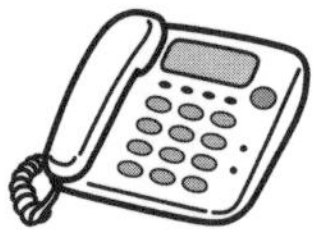

うなつ

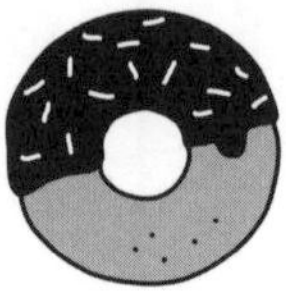

その26

なな

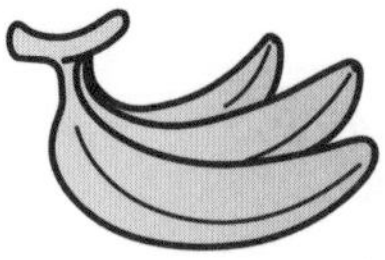

あそ

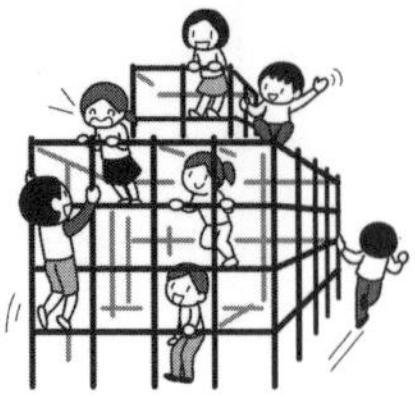

た

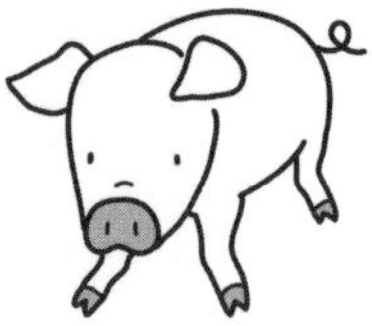

んとう

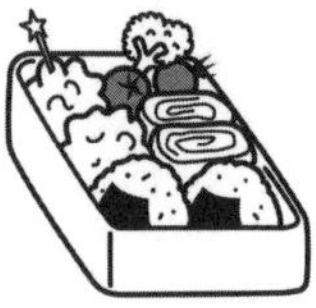

おる

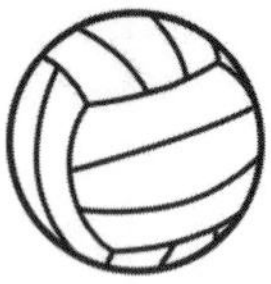

その27

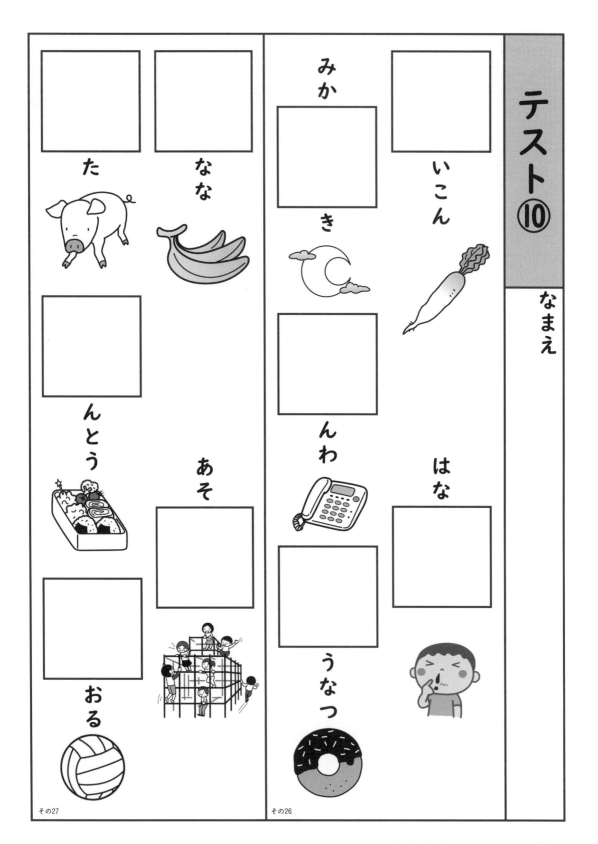

テスト⑪

なまえ

らっ

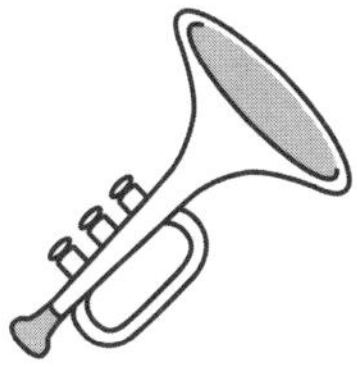

いまん

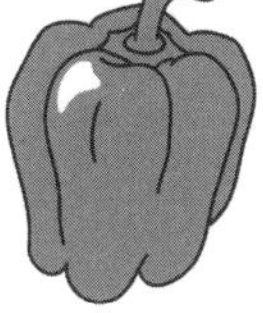

りん

んぎん

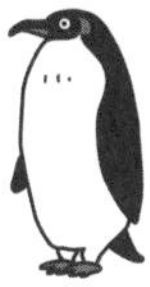

さん

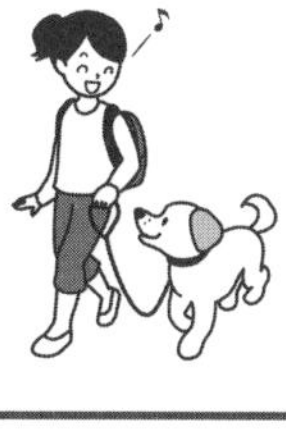

その28

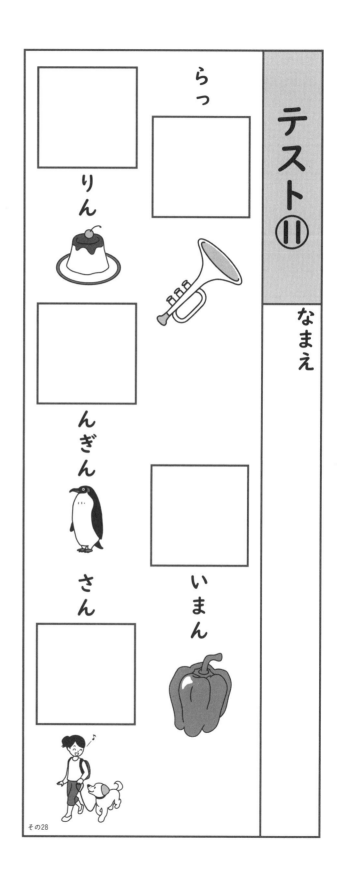

テスト⑫

なまえ

●	●	●

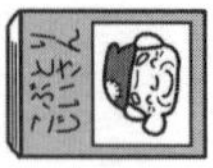

●	●	●

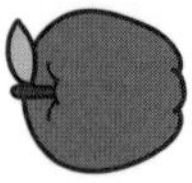

●	●	●

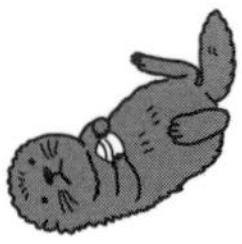

●	●	●

●	●	●

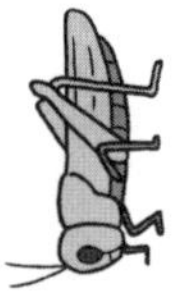

●	●	●

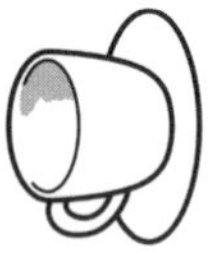

●	●	●	●
と			く

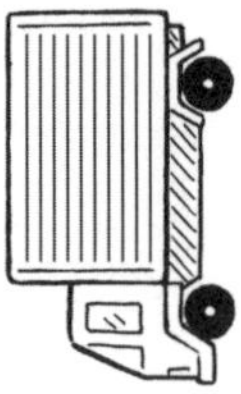

●	●	●	●
ろ			と

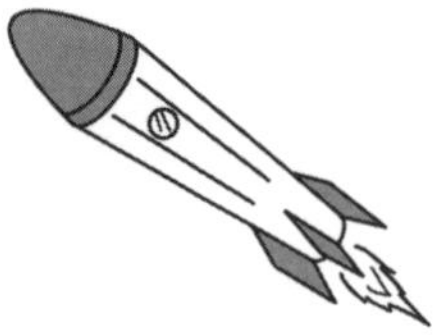

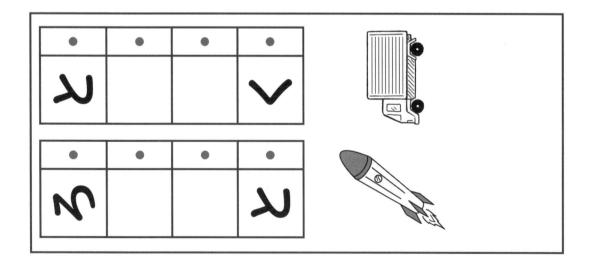

テスト⑬

なまえ

		ら	め	る

			り

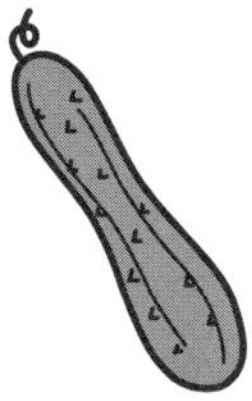

			か	し	よ

その30

で	ん		

		り	け	ん

			ぼ	う		

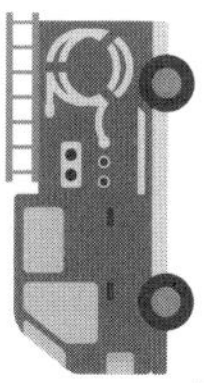

その31

テスト⑭

なまえ

お		

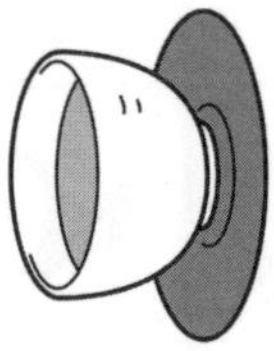

			し	ゃ

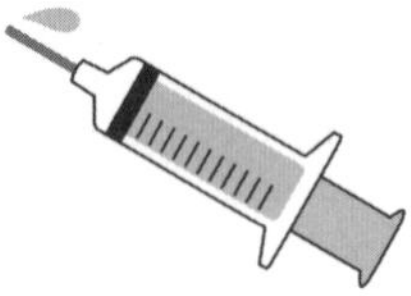

		こ

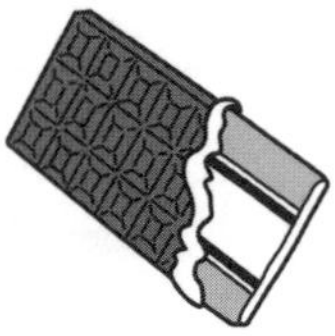

その32

こ	ん			く

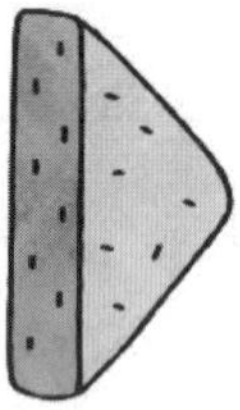

ぎ	ゅ	う			

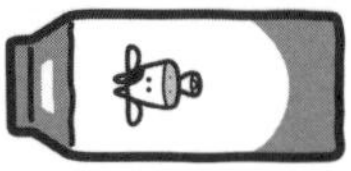

		い	ぼ	う

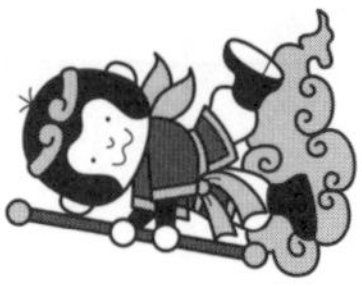

その33

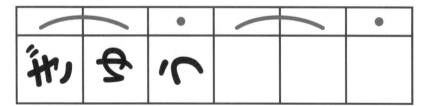

テスト⑮

なまえ

		く	え	ん

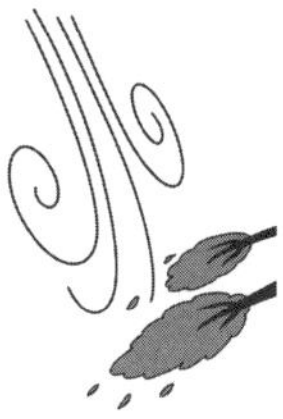

			た	ん

その34

や	ん			

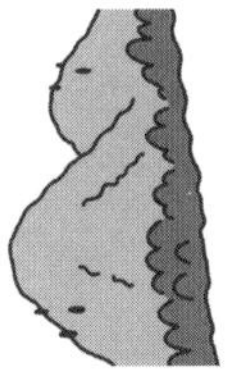

			じ	つ	く

			が

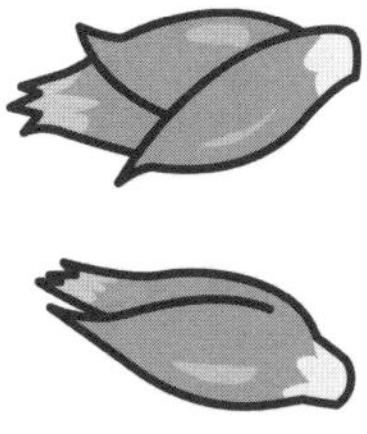

その35

テスト⑯

なまえ

		ま

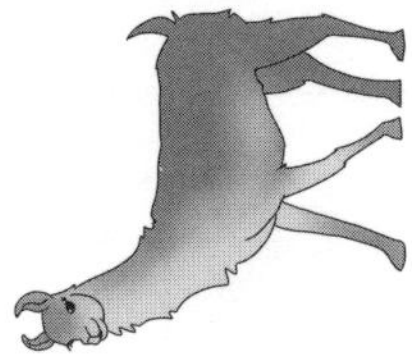

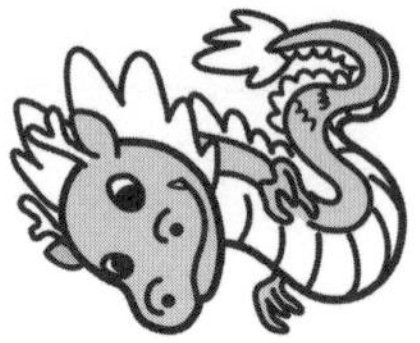

		こ	う

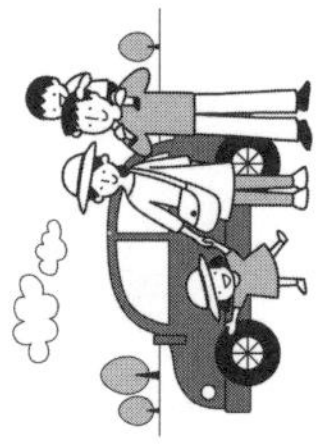

その36

		あ

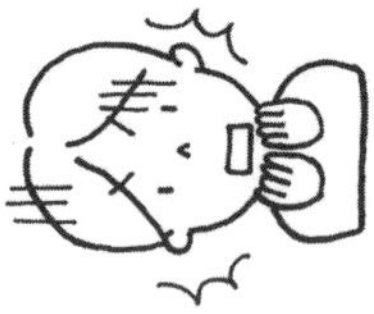

			に	く

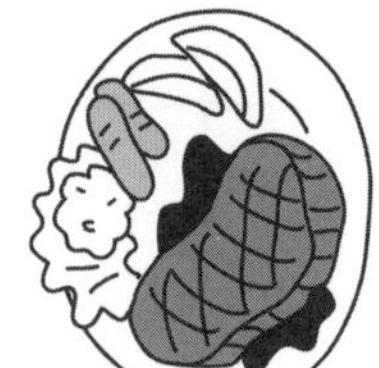

			ざ

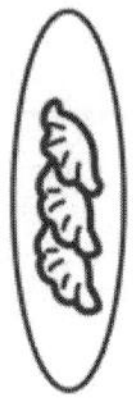

その37

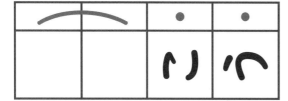

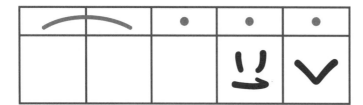

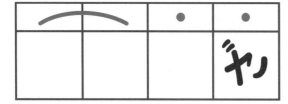

テスト⑰

なまえ

		ん	け	ん

			す

			ぎ

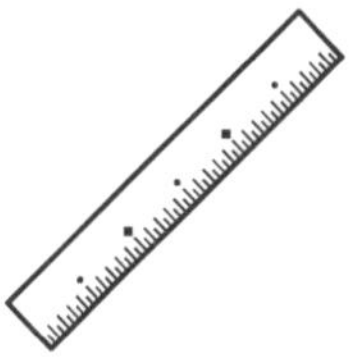

その38

ご	は	ん			わ	ん

せ	か	い			

その39

テスト⑱

なまえ

さ	ん			く	え	ん

い	ん	た			

が			

その40

ろ	っ			く	え	ん

こ	ん				た	あ

か	ん			

その41

きれいに なぞろう①	なまえ

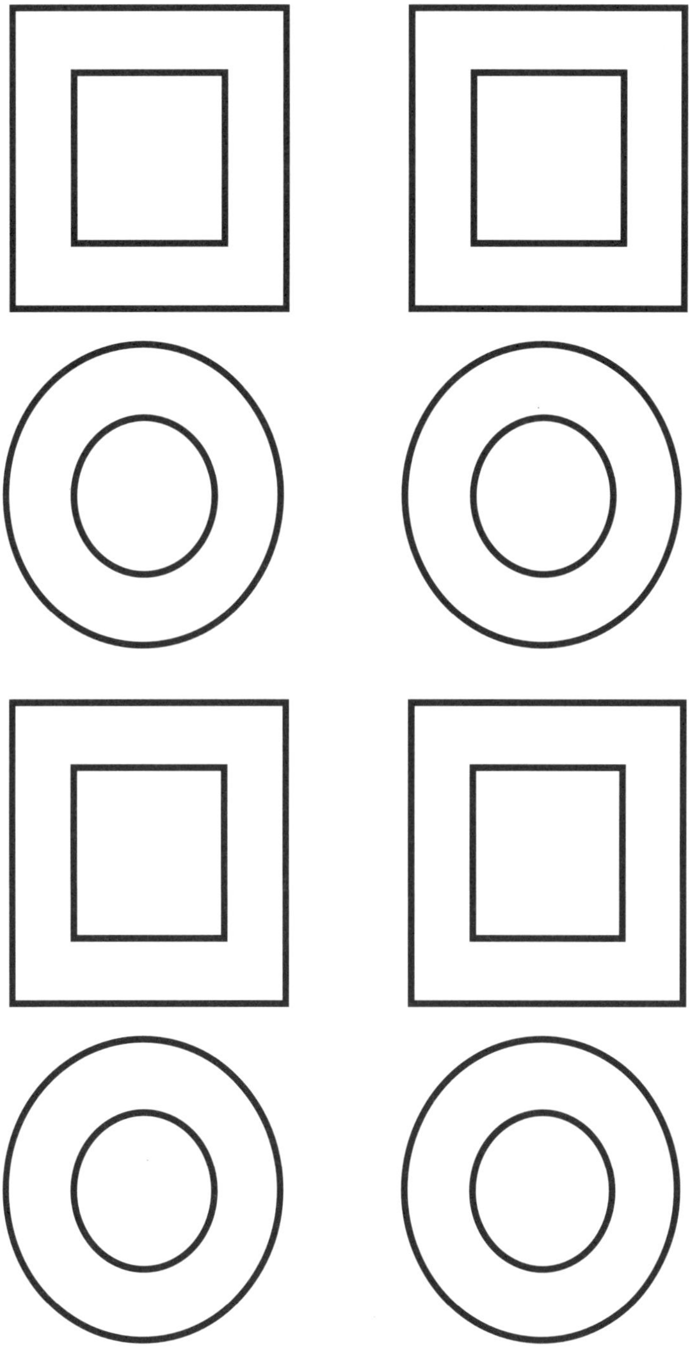

きれいに なぞろう②	なまえ

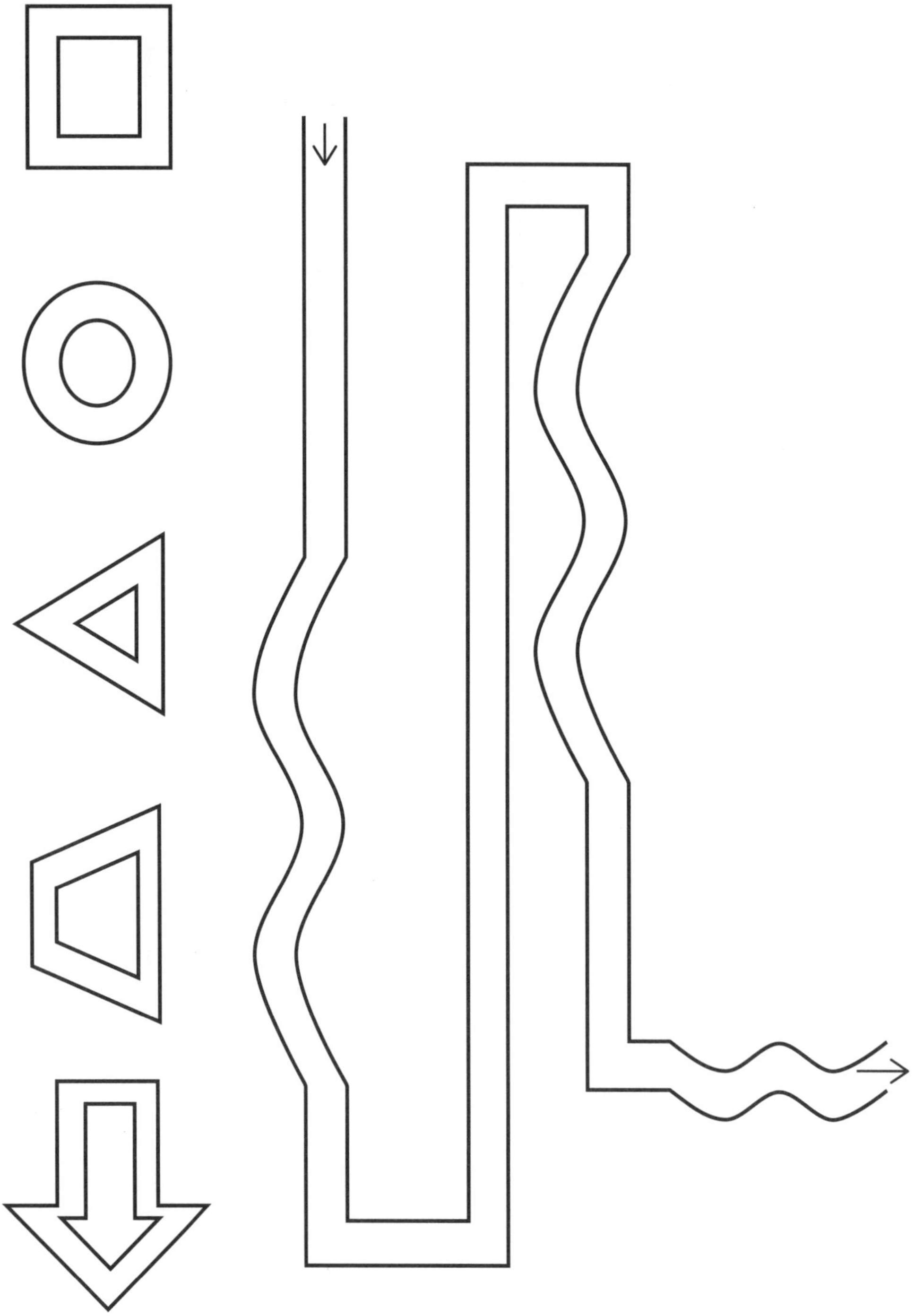

記録用紙（清音①）	児童名：	枚目

マスの中に「読み・書き」の正誤を〇×で記入　※補助を要した場合は△

日付		／	／	／	／	／	／	／	／	／	／	／	／	／
へ	読み													
	書き													
い	読み													
	書き													
の	読み													
	書き													
ろ	読み													
	書き													
つ	読み													
	書き													
よ	読み													
	書き													
り	読み													
	書き													
て	読み													
	書き													
う	読み													
	書き													
け	読み													
	書き													
く	読み													
	書き													
す	読み													
	書き													
こ	読み													
	書き													
ん	読み													
	書き													
し	読み													
	書き													
お	読み													
	書き													
と	読み													
	書き													
ひ	読み													
	書き													
え	読み													
	書き													
に	読み													
	書き													
る	読み													
	書き													
さ	読み													
	書き													
か	読み													
	書き													
も	読み													
	書き													
備考														

記録用紙（清音②）	児童名：	枚目

マスの中に「読み・書き」の正誤を○×で記入　※補助を要した場合は△

日付		／	／	／	／	／	／	／	／	／	／	／	／	／
ち	読み													
	書き													
み	読み													
	書き													
ま	読み													
	書き													
た	読み													
	書き													
わ	読み													
	書き													
め	読み													
	書き													
は	読み													
	書き													
れ	読み													
	書き													
き	読み													
	書き													
む	読み													
	書き													
せ	読み													
	書き													
ほ	読み													
	書き													
ら	読み													
	書き													
あ	読み													
	書き													
や	読み													
	書き													
ね	読み													
	書き													
ふ	読み													
	書き													
な	読み													
	書き													
ゆ	読み													
	書き													
そ	読み													
	書き													
ぬ	読み													
	書き													
を	読み													
	書き													
備考														

記録用紙（濁音・半濁音）　児童名：　　　　　　　　枚目

マスの中に「読み・書き」の正誤を〇×で記入　※補助を要した場合は△

日付		／	／	／	／	／	／	／	／	／	／	／	／	／
が	読み													
	書き													
ぎ	読み													
	書き													
ぐ	読み													
	書き													
げ	読み													
	書き													
ご	読み													
	書き													
ざ	読み													
	書き													
じ	読み													
	書き													
ず	読み													
	書き													
ぜ	読み													
	書き													
ぞ	読み													
	書き													
だ	読み													
	書き													
ぢ	読み													
	書き													
づ	読み													
	書き													
で	読み													
	書き													
ど	読み													
	書き													
ば	読み													
	書き													
び	読み													
	書き													
ぶ	読み													
	書き													
べ	読み													
	書き													
ぼ	読み													
	書き													
ぱ	読み													
	書き													
ぴ	読み													
	書き													
ぷ	読み													
	書き													
ぺ	読み													
	書き													
ぽ	読み													
	書き													

記録用紙（拗音・促音）　児童名：　　枚目

読めた文字・書けた文字を記入する

日付		／	／	／	／
その29	読み				
	書き				
その30	読み				
	書き				
その31	読み				
	書き				
その32	読み				
	書き				
その33	読み				
	書き				
その34	読み				
	書き				
その35	読み				
	書き				
その36	読み				
	書き				
その37	読み				
	書き				
その38	読み				
	書き				
その39	読み				
	書き				
その40	読み				
	書き				
その41	読み				
	書き				
備考					

【著者紹介】

河村　優詞（かわむら　まさし）

東京都公立小学校主任教諭，博士（総合社会文化），環太平洋大学非常勤講師，日本自閉症スペクトラム学会誌『自閉症スペクトラム研究』編集委員，日本ポジティブ行動支援ネットワーク運営委員，地域障害児教育研究会会長。応用行動分析学を専門とし，特別支援学級向け指導法開発に関する研究で表彰・論文多数。子ども達の能力開発とQOLの向上を図るため，科学的な根拠に基づく指導法と日本の教育現場におけるノウハウの融合を目指して研究・教育・啓発活動に取り組んでいる。

特別支援教育サポートBOOKS

通級指導教室・特別支援学級で使える
河村式ひらがなプリント

2025年2月初版第1刷刊 ©著　者　河　村　優　詞
発行者　藤　原　光　政
発行所　明治図書出版株式会社
http://www.meijitosho.co.jp
（企画）木山 麻衣子（校正）丹治 梨奈
〒114-0023　東京都北区滝野川7-46-1
振替00160-5-151318　電話03（5907）6702
ご注文窓口　電話03（5907）6668

＊検印省略　組版所　朝日メディアインターナショナル株式会社

Printed in Japan　ISBN978-4-18-308027-1